日経文庫

NIKKEI BUNKO

EQトレーニング

高山 直

日本経済新聞出版

はじめに

「EQは、遺伝などの先天的な要素が少なく、教育や学習を通して高める（伸ばす）ことができる」（EQ理論提唱者ピーター・サロベイ、ジョン・メイヤー、1990年）

EQ理論の一節です。「EQの能力は高めることができる」。これは、私にとって衝撃的な出会いでした。1997年の彼らの初来日から20数年を経て、EQが開発可能な能力であることを日本で証明し、そのトレーニング方法をここに紹介できることをとても嬉しく思います。

ITの進化、AIの普及で社会は大きく変化し、会社を取り巻く環境も、働き方改革や健康経営はもとより、最近では世界レベルでESG経営（環境・社会・企業統治）への取り組みが求められています。その解決にEQは不可欠であり、世界ではますますEQに注目が集まっています。

日本においても、多くの企業でEQの導入が進み、EQを理解するレベルから、いかに

EQを活用して課題を解決するか、そのためにEQをいかに開発するかという方向に向かっています。EQは学ぶ時代から実践のステージへと確実に変化しました。本書では、「いつでも、どこでも誰でもできるEQ開発方法が知りたい」というニーズにお答えするために、今日からできるEQトレーニングをご紹介しています。

しかしながら、本を読んで「なるほど」と学び、「やってみよう」と前向きな気持ちをつくっても、いざ「実行」となると大きなエネルギーが必要となります。

そこで、EQトレーニングの開始前、開始後の能力変化を確認するためのウェブ診断テストを用意しました（無料）。5分程度の受検で、その場で結果も確認できます。EQトレーニング終了後（約2カ月後）、再度受検いただき、初回と2回目の診断結果を重ねた遷移チャートで開発の効果がすぐに確認できます。

「EQは人生の質を変える」

私たちは日々感情とともにあります。日々の感情をうまく使うこと（＝EQ）は、心と体の健康に影響を与え、よりよい社会生活に寄与します。その日々の積み重ねが人生とすれば、EQは人生の質を変えるといっても過言ではありません。

本書を通してEQを高め、より良い人生の道標としてEQとともに充実した日々をお送りくださいませ。

2020年1月

高山　直

EQトレーニング　目次

第3章 感情とは何か 73

第5章 さらに鍛えたい人へ――高山スペシャル 153

第1章

ビジネスで求められるEQスキル

1 「2020年に必要なビジネススキル」トップ10にEQ

世界で根源的な能力として認知されているEQ

EQは1990年に米国で生まれ、世界に提唱された理論です。日本では1996年に『EQ　こころの知能指数』として出版された本で広まり、情動知能、感情能力として注目されました。わたし自身は1995年に米国でEQと出会い、その後、独自にEQを測定する検査を開発、その検査を携えて渡米し、EQ理論を提唱したピーター・サロベイ博士とジョン・メイヤー博士にお目にかかりました。

お2人についてはEQを解説する部分で詳しくご紹介いたしますが、両博士を面会した目的は2つありました。一つはEQ検査の有効性について検証してもらうことであり、もう一つはEQ理論の論文に書かれていた「EQは開発可能な能力」を実現するEQトレーニング開発の協力を得ることです。

その際に両博士は「EQ理論をまとめる上でわたしたちは東洋の思想、考え、宗教に大きな影響を受けています。日本はEQの国であり、その日本でEQが必要とされるのは、とて

図表 1-1　2020年に必要なビジネススキル　トップ10

順位	スキル	
1	複雑な問題解決力	(Complex Problem Solving)
2	クリティカルシンキング	(Critical Thinking)
3	創造力	(Creativity)
4	マネジメント力	(People Management)
5	人間関係調整力	(Coordinating with Others)
6	**情緒的知性**	**(Emotional Intelligence)**
7	決断力	(Judgement and Decision Making)
8	サービスディレクション力	(Service Orientation)
9	交渉力	(Negotiation)
10	認識の柔軟性	(Cognitive Flexibility)

［出所］https://www.weforum.org/agenda/2016/01/the-10-skills-you-need-to-thrive-in-the-fourth-industrial-revolution/
［参考］https://brave-answer.jp/12840/

も嬉しいことです」と話され、研究開発顧問就任を快諾していただき、2つの目的を達成することができました。

翌1996年には2人とも来日され、わたしたち主催のEQシンポジウム「Mega Change21」に参加されました。ここからわたしは日本初となるEQ事業をスタートさせました。

そしてEQはかなりのブームになり、今では日本の1500社を超える企業でEQの考え方が導入されています。日本では人事に関する場面での導入が中心ですが、世界ではEQはもっと根源的な能力として認知されています。みなさんはダボス会議をご存じでしょうか？

ダボス会議でEQはとても重要なテーマとして議論されています。

わたしがダボス会議に強い関心を持ったのは2016年のアニュアルレポートを知ってからです。レポートには「2020年に必要なビジネススキル　トップ10」が発表されており、その6位に「情緒的知性（Emotional Intelligence）が挙げられていました。Emotional Intelligence はEQを指しています（図表1－1）。

EQ的色彩の強いビジネススキル

取り上げられていたビジネススキルは、日本でもよく知られている概念であり、複雑な問題解決力、クリティカルシンキング、創造力、マネジメント力、人間関係調整力、そして情緒的知性が6番目に取り上げられています。これらは別のスキルとして取り上げられていますが、相互が隣接・関連しており、EQビジネスに20年間携わってきたわたしにはEQ的色彩を強く感じます。

たとえば柔軟な頭で批判的に思考するから、問題を解決し新しい価値を創造できます。創造力は、今ないものをつくるので「ビジョン」と言ってもいいでしょう。このビジョンを見る能力はEQに近しいものです。

人間関係調整力とは、他者との人間関係のバランスをとる能力です。インターネットが普及した1990年代後半以降、「Win－Win」という言葉がよく使われるようになりましたが、じっさいのビジネスでは相手（こちら）が勝つとこちら（相手）が負ける「Win－Lose」、貸し借りの繰り返しで人間関係がつくられていきます。部下との接し方も同じ原理です。このバランスをとるのがEQです。

決断力もEQから生まれます。似ている言葉に「判断」がありますが、これはIQ的な認識法。状況を積み上げ確率的に把握するのが判断です。「決断」は判断とは別のもので「覚悟」という意味合いもあると思います。

サービスディレクション力は、消費者の気持ちになって考える「ホスピタリティー」という言葉に置換可能です。もちろんこれにもEQが深く関わっています。

交渉力は、論理で相手を説得するIQ的なスキルと考えられがちです。しかし国家間の外交を見れば分かるよう、IQとともに様々な感情を駆使している場面を目にします。

2016年のテーマは第四次産業革命

ダボス会議は、毎年1月にスイスのダボスで開催される世界経済フォーラムの年次総会です。大辞林の「ダボス会議」の項目には「世界各国の政財界のリーダーや学者らが参加し、賢人会議ともいわれる」と記載されています。

この世界経済フォーラムは1971年にスイスの経済学者クラウス・シュワブ氏（現・会長）が設立した国際機関です。ダボス会議では約2500名の国際的リーダーが一堂に会し、世界が直面する重大な問題を議論してその成果を発表します。

議論するテーマは毎年決められており、2016年は「第四次産業革命をマスターする（Mastering the Fourth Industrial Revolution）」が論じられました。その内容はシュワブ氏自身がまとめており、日本でも『第四次産業革命　ダボス会議が予測する未来』（日本経済新聞出版社）が出版されています。

この本は四六判236ページで、付録の解説をのぞくと本論は150ページほどなので読み通すのは容易です。しかし内容はハードで、第四次産業革命によって変わる未来を予測しています。

混乱を乗り越えるために必要な4つの知性を支えるEQ

シュワブ氏は本書でEQの重要性を強調しています。人類は第四次産業革命がもたらす混乱を乗り越えることができるとシュワブ氏は考えていますが、そのために必要なのが「4つの知性」です。

その知性は①状況把握の知性（精神）、②感情的知性（心）、③啓示的知性（魂）、④物理的知性（肉体）の4つです。『第四次産業革命』では②は「感情的知性」と訳されていますが、原著の「Fourth Industrial Revolution」では「The Emotional Intelligence」と書かれており、EQを意味しています。

シュワブ氏は4つの知性を独立した知性として取り扱っていますが、いずれの知性も他の知性との関係なしでは成立しません。

①の状況把握の知性のキーワードは、「ネットワーク」や「人脈」、「パートナーシップ」や「チーム」です。③の啓示的知性のキーワードは、「共通の運命感」、「集団的意識」、「信頼」、「エンゲージメント」、「チームワーク」、「協調的イノベーション」です。

④の物理的知性は、「個人の健康や幸福の維持、追求に関する知性」と定義され、「健康な体」と「プレッシャーの下でも動じない心」がキーワードになります。

そして感情的知性は、「自己認識」、「自己統制」、「モチベーション」、「共感、ソーシャルスキル」の基盤として定義されており、「組織の階層をフラットにしたり、多くの新アイデア創出を促す環境を構築したりするなどのデジタル的思考様式は、感情的知性に深く依存している」と書かれています。

つまり状況把握の知性、啓示的知性、物理的知性のいずれにもEQが関わっています。それらはまさにEQの得意とするところであり、本書を読み進んでいただければ理解していただけると思います。

2 ジャック・マーの信念

「大事なのは、あなた自身をどう変えていくかなのです」

2018年のダボス会議では、阿里巴巴集団（アリババ）会長だったジャック・マー（馬雲）氏がEQに言及したスピーチを行っています。ジャック・マー氏は1999年にアリババを設立し、瞬く間に世界有数のIT企業に育て上げた人物です。そして創業から20年経った2019年に「教育や慈善事業に専念したい」として会長を退任し、大きな話題になりました。

マー氏はダボス会議でのスピーチでテクノロジーの負の部分に触れ、産業革命によって第一次世界大戦、第二次世界大戦が起き、今も技術の進化による革命が起きていると語ります。マー氏の発言を紹介しましょう。

「人工知能（AI）、ロボット、コンピュータ、データ、プライバシーやセキュリティで人々は不安になります。みんな不安になり始めるのです。しかし、どんなに不安でいても、革命は起きます。不安でいなくても、起きるのです。そこで大事なのは、あなた自身をどう変えていくかなのです」。

この発言をわたしは次のように解釈します。「技術は進化し、いくら不安であっても革命は現実となる。AIやロボットで代替できる仕事はなくなり、テクノロジーは進化し続け、SNSはさらに広がり、個人のプライバシーやセキュリティが守られる保証もない。革命は確実に起こる」。

そして次のメッセージ「そこで大事なのは、あなた自身をどう変えていくか」という一節にわたしはEQが深く関係していると感じました。「あなた自身がこの時代をどう感じ、どう考えるか？　その結果からあなた自身がどう生きていくかを考えなさい。時代と共に変えることもあれば、変えないこともあなた自身が決めることができる」と受け止めました。

もっとも大切なのは、自分の感情と向き合い、自分の素直な気持ちを知ること――そのためにEQは不可欠です。これからどう生きていくか、何が好きで、何が嫌いか、何をやりたいのか、やりたくないのか――EQをフル活用する絶好の機会がこれからやってくるのです。

今すぐそこにある革命は、これまでの常識や価値観、行動様式が通用しない劇的な変化をもたらし、大きな混乱を引き起こすことでしょう。しかし、混乱はチャンスでもあります。これからたくさんのチャレンジや変化が待っています。そこで大活躍するのがEQです。EQは変化適応力ともいわれ、変化に適応し、新しい自分と出会う力になります。

変化を待ち伏せ、変化に適応する

21世紀に入って「変化の時代」という言葉がよく使われています。ビジネスセミナーでも「変化が加速する」という表現が多く、単に「加速する」では物足りないので「加速化する」と「化」をつけて強調されるようになっています。

変化はいつの時代にも起き、社会は進歩してきました。マー氏の言うように、これから起こる変化の速度は上がり、規模は大きくなるでしょう。どういう変化なのかを正確に予知することはできませんが、多くの若者にとって変化はチャンスになり得ます。1990年代後半にインターネットが登場するという変化があったから、Google、Amazon、Facebook、Apple は巨大な多国籍ＩＴ企業になることができました。これから起きる変化によって成功する若者は多いはずです。

大きな波に乗るサーフィンを好む人もいますが、変化を好まず、昨日のように穏やかに今日を過ごしたいと考える人もいます。

わたしはすべての若者が大波を楽しむサーファーになり、最先端企業で働くべきだとは思いませんが、「変化は起こる」を前提にして働くことは大切なことであり、変化を「待ち伏せ」し、その変化に適応する準備はするべきだと思います。

生物は環境の変化に適応して進化してきました。「適応」とは自らが変わること、変化することです。地球の環境が変化したとき、その変化を止めることはできません。自分が変わって進化しなければ生き延びられません。社会の変化も止められません。人もその変化に適応し、進化することが求められています。

しかし自分の何を変えるのでしょうか？　変わること、変えることが容易なのは性格ではなく感情です。

3「心理的安全性」の高い組織が成功する時代

知能（IQ）と性格によって成功の再現を競った20世紀

ダボス会議の議論によれば、現在進行しているテクノロジーの進化によって、かつてない規模で複合的な変化がグローバルに起こります。この変化に適応するためにEQが必要になりますが、その理由をわたしなりに整理したのが図表1－2です。時代を動かしてきた原理や価値を20世紀と21世紀で比較したものです。

20世紀までの時代は日本経済が右肩上がりに成長し、多くの企業も成長を前提に終身雇用を導入、個人も新卒から定年まで勤めることで、会社も大きくなり、職位も上がり、給与も上がる時代でした。社会の構造は画一的で、量やモノの効率性が追求されました。社会が画一的なので思考パターンも同一でスピードが求められ、成功を再現するための競争が社会の普遍的原理でした。

このような成長社会において「できる人材」の要件は、豊富な知識と頭の回転の速さでした。また周りと軋轢を起こさない協調性と順応性も重視されました。つまり知能（IQ）と

図表1-2　会社起点から個人起点へ

構造的なパラダイムシフトが起き、EQがより求められる時代となってきた

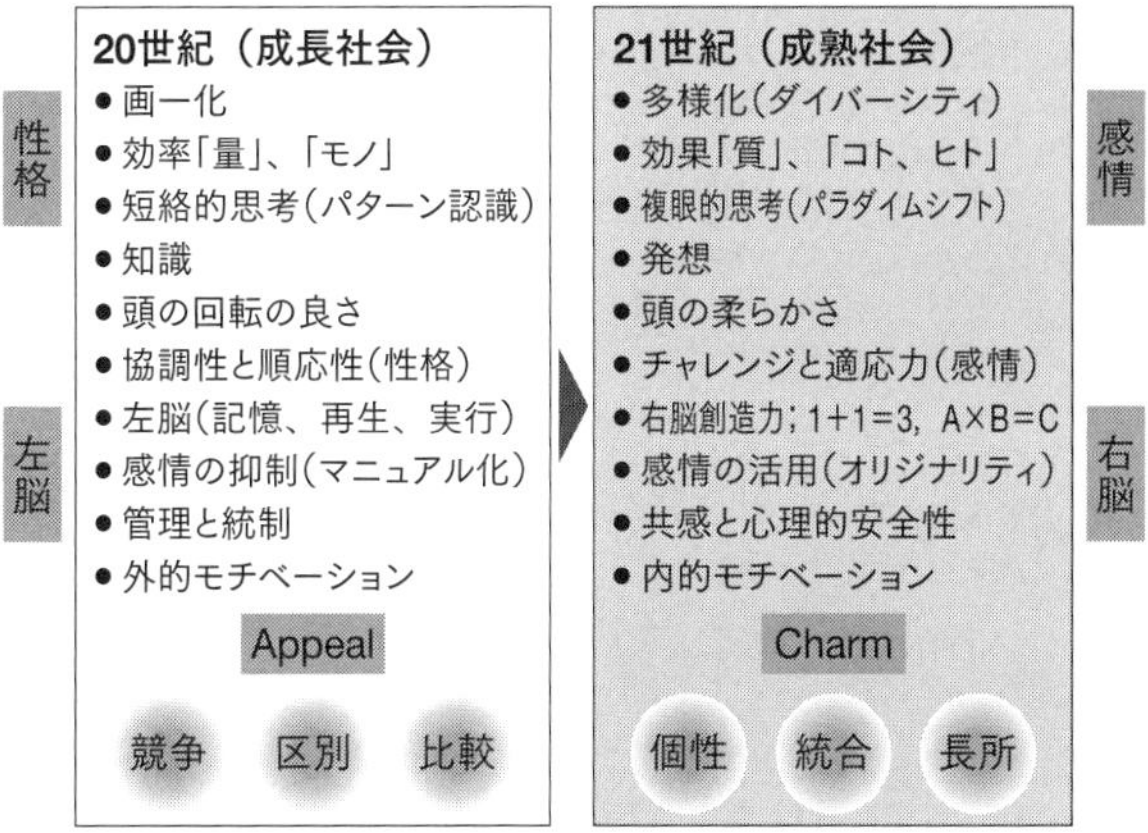

性格	**20世紀（成長社会）**	**21世紀（成熟社会）**	感情
	● 画一化	● 多様化（ダイバーシティ）	
	● 効率「量」、「モノ」	● 効果「質」、「コト、ヒト」	
	● 短絡的思考（パターン認識）	● 複眼的思考（パラダイムシフト）	
	● 知識	● 発想	
	● 頭の回転の良さ	● 頭の柔らかさ	
	● 協調性と順応性（性格）	● チャレンジと適応力（感情）	
左脳	● 左脳（記憶、再生、実行）	● 右脳創造力；1+1=3、A×B=C	右脳
	● 感情の抑制（マニュアル化）	● 感情の活用（オリジナリティ）	
	● 管理と統制	● 共感と心理的安全性	
	● 外的モチベーション	● 内的モチベーション	
	Appeal	**Charm**	
	競争　　区別　　比較	個性　　統合　　長所	

性格が大切にされたのです。しかし21世紀の規範は異なります。

21世紀の組織では共感や心理的安全性が重要

20世紀はまっすぐに進めば成長できる成長社会だったのに対し、21世紀は一本道のない成熟社会、それを超えるカオス＝混沌時代に入っています。社会は多様化（ダイバーシティ）していき、個人は新しい領域にチャレンジしてその環境に適応（変化）していくことが求められます。

20世紀型思考では、問題が起こっても最善な解が存在すると考えられていました。多くの問題はすぐに一つの正解が分かる単純な問

題であり、複雑な問題も時間をかければ正解にたどり着けるという安心感がありました。

しかし21世紀に進行する多様化は、価値観のゆらぎを意味するので、正解があるのかないのかわからないやっかいな問題が増えてきます。こういう問題に対してパターン化された思考は解を見つけられません。様々な出来事、情報を複眼的に把握し思考することが求められます。

複雑でありながらフラットな21世紀では、問題に対する正解が一つとは限りません。「唯一の正解」という堅い考えでは正解にたどり着けない可能性が高いのです。「あれもあり得る、これもあり得る」という柔らかな思考がたくさんの解を見つけられるでしょう。左脳(知能)から右脳(感性)へのシフトが起きているのです。

職場内の規律や関係も21世紀になって変化しています。20世紀型組織では、マネジメントは主として組織の管理と統制を意味しました。しかし21世紀の人間関係はフラットになり、感情を大切にしてうまく使うことで、感謝、感動、共感をつくり、人とのつながりを強くする心理的安全性が求められています。

高EQ組織は「こころを開いて喧嘩する（Open heart Battle）」

組織の業績とEQに関する興味深い研究があります。2001年にエール大学のパルマー教授が、ある単純作業のプロジェクトにおけるEQの高い組織と低い組織の業績を比較した研究を発表しており、そのグラフからはいくつものことがわかります（図表1－3）。

まず一目で分かるのは、高EQ組織は立ち上がりが早いことです。3カ月でほぼ最高の業績を上げています。低EQ組織は立ち上がりが遅く、3カ月経っても業績はほとんど向上していません。立ち上げ3カ月のスピードの違いは、現在の競争時代ではプロジェクトの成否を分けることになります。

高EQ組織のメンバーの特徴は、共同で作業するという意識が高かったことだそうです。メンバー同士の得意、不得意、それをカバーするための議論、どうすればよりよくできるかを話し合い、お互いの意見の一致を目指してとにかく議論をする傾向があったそうです。それは言い合いという喧嘩ではなく、目標達成に向けて互いに協力し、支援をするための議論です。

「Open heart Battle」――こころを開いて喧嘩する。これが組織におけるEQ活用の神髄です。

図表1-3　成果を生み出すEQ
〈EQの高い組織と低い組織の業績比較〉

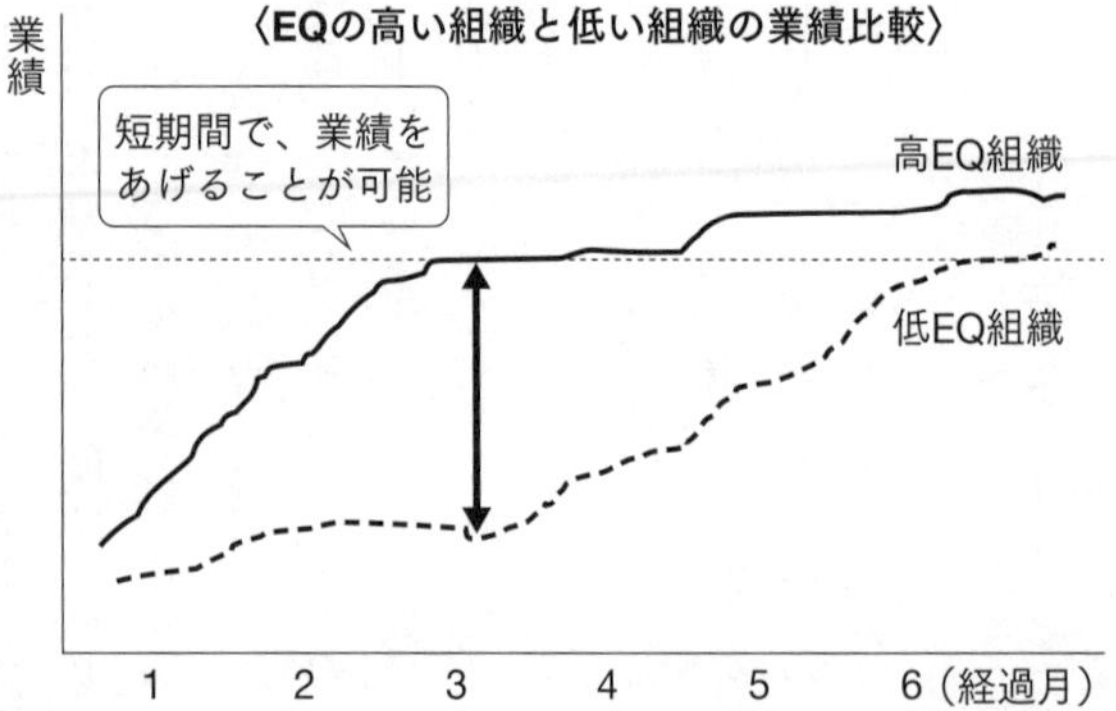

［出所］　パルマー教授資料より

リーダーにも興味深い特徴がありました。常に前向きなムードを醸し出していたそうです。作業する中で、慣れてうまくいき始めると、やり方の変更、修正を加えるのですが、その都度リーダーは「面白そうだね、やってみようよ」と一貫してポジティブにふるまっていたそうです。

「Open heart Battle」ができる職場づくりに有効なEQ

パルマー教授の実験から高EQ組織が成果を生み出すことがわかりました。高EQ組織は変化への適応力があり、成果を上げるまでのスピードが早かった——ではその「適応力」はどうやって生まれたのでしょう。

高EQ組織には「対立を恐れず意見の一致を目

指して問題を解決する」環境がありました。

様々な問題にぶつかり、その悩みや課題を共有し、対立を恐れず解決に向けて全員で議論ができる環境のことです。より良い結果を求めて、議論が紛糾しときには喧嘩に発展することもあったそうです。それは、心を開いての喧嘩であり、成果を上げるためには必要な議論、「Open heart Battle」です。

多くのビジネスパーソンの方が「Open heart Battle」を経験されていると思いますが、あなたご自身は現在どんな環境にいらっしゃいますか？

次のように考えておられる方が少なくないのではないでしょうか。

意見の一致を目指して、本当のこと、本心、本音なんてとても言える環境などない。

「助けてくださいなんて、とても言えない！　責任問題になります」

「プロジェクトが遅れています？　能力がないと思われます。評価が下がります。とても言えません」

「教えてください？　馬鹿だと思われます、無理です」

そんな組織にEQは有効です。第4章で述べますが、個々のEQを開発することで、「Open heart Battle」の組織づくりが可能になります。その「Open heart Battle」を実現する組織に共通するキーワードが「心理的安全性」です。

Google が発見した「心理的安全性」

先ほど少し触れた「心理的安全性（psychological safety）」は心理学用語で、２０１６年にGoogle の人事データ分析チームが発表したレポートに「チームの生産性を上げる唯一の方法」と書かれたことから一気に有名になった概念です。Google は「チーム」という言葉を使っていますが、日本なら課や部、あるいはプロジェクトなどの組織と考えても良いでしょう。また業務で関わる組織と広く捉えてもいいと思います。

業務やプロジェクトでの進行では会議やブレストなどが行われ、発言の機会は多いと思いますが、その発言がプランの中身ではなく、それを言うと誰がどのように受け止めるかを心配する会議になっていませんか。

Google の調査によると、こういう組織は心理的安全性が低く、成果が期待できないとの結果を導き出しています。

生産性の秘密を探る「プロジェクト・アリストテレス」

Googleは世界でもっとも生産性の高い組織の一つと言われます。そしてどのような組織が高い成果を上げているかを分析し、その結果を組織にフィードバックさせてさらに生産性を高めようと考えました。この計画は、プロジェクト・アリストテレスと命名され、2012年にスタートしました。

Googleはデータ分析が得意です。社内で成果を上げている多くのチームのデータを集めて共通要素を見いだせばそれがBINGO（あたり）のはずです。ところがこのプロジェクトは難航しました。

強いリーダーのいる階層型チームもフラットなチームも成果を上げていました。チームのカルチャー（行動規範）にも注目しましたが、様々な文化のチームが成果を上げており、共通点を見いだすことはできなかったそうです。つまりチームの働き方を分析しても、そこに答えはなかったのです。

そして分析チームがようやく見つけたのが「心理的安全性」だったのです。成功するチームはいつも成功しますが、そのチームには他者への心遣い、配慮、共感があったのです。そこでは「リーダーに叱られる」、「仲間から無視される」という不安はありません。そういうチームはつねに成果を上げることができます。

Googleが導き出した「心理的安全性」を高めるトレーニングを実施しているのがエール大学のEQチームです。Googleの世界の主要組織とその個人にEQトレーニングを行っています。わたし自身、2015年、EQ理論提唱者のお一人、ニューハンプシャー大学のジョン・メイヤー博士とエール大学学長特別補佐のデビッド・カルーソ博士の来日に際し、直接そのプログラムのワークショップに参加し体験しました。第4章ではそこで受講したEQトレーニングを紹介しています。

第2章

EQの発展と今

1 EQが高い人がIQの高い人より成功している

ビジネスを成功に導く研究から発見されたEQ

EQ(Emotional Intelligence Quotient)は、現在エール大学学長を務めるピーター・サロベイ博士とニューハンプシャー大学教授のジョン・メイヤー博士が1990年に発表した理論です。

彼らが着目したのは、心理学の立場から、ビジネス社会における成功の要因を見ることでした。アメリカは能力第一主義の国であり、能力を測る指標の一つとして有力視されているのが修士や学士といった学歴です。このために高学歴でIQ(Intelligence Quotient＝知能指数)が高い人材がビジネスでも成功すると一般的に考えられてきました。

ところがこの常識を実際のビジネスの世界で検証してみると、必ずしも相関がありませんでした。確かにIQはビジネスの成功のために一定の役割を果たしています。しかしIQ以外にも成功のために必要な能力があるはずです。それは何でしょうか?

両博士は、ビジネスパーソンを対象にした広範囲な調査研究を行いました。その結果、明らかになったのが「ビジネスで成功した人は、ほぼ例外なく対人関係能力に優れている」というものでした。そして成功に導く能力を「学歴などで現れる能力は2割、8割は対人関係能力」と結論づけたのです。

具体的には、「自分の感情の状態を把握し、それを上手に管理、調整するだけでなく、他者の感情の状態を知覚する能力に長けている」ということです。社外との関係をうまく調整でき、社内的にも多くの協力者を得ることで、ハイ・パフォーマーとしての成果を生み出していたのです。

これらの研究結果から、サロベイ、メイヤー両博士が提唱したのが「感情をうまく管理し、利用できることは、能力である」というEQ理論です。

わたし自身の経験でも、IQが高くてもビジネス社会で成功しない人をたくさん見てきました。逆に高IQ（一般的に高学歴）に関係なく、成功している人がたくさんいることも知っています。そういう人に共通しているのは、人の気持ちがわかり、人のために動けることです。

小学生の頃を思い出すと、算数が得意で成績のいい子は「頭がいい」と言われました。一方、クラスで飼っているウサギの世話をする当番の子が休み、その代わりをすすんでやる子は「いい子」と言われました。

わたしは、算数を解くのも能力、休んだ友だちの気持ちが分かるのも同じ能力であり、社会で成功するのは後者の「人の気持ちが分かる」能力が高いほうだと理解しました。

ウサギの世話をすすんでやる子は、そうすることが当たり前と思っているので、それを自慢したり、アピールしたりすることはありません。誰かがやらないと誰かが困る、と困る人の気持ちを思い、自然にそういう行動ができたのです。社会ではそういう人が評価され成功しているのではないでしょうか。

人間と動物の感情表現を研究したダーウィン

怒り、楽しみ、嫌悪、悲しみ、怖れ、愛おしさ、信頼、喜びと様々な感情を人類は持っています。この感情の起源を考察したのがチャールズ・ダーウィンです。

ダーウィンは自然選択説による進化論で有名です。人類が神によってつくられたのではなく、猿から類人猿に、類人猿から人類へと進化して誕生したという進化論は『種の起源（On the Origin of Species）』（1859年刊）で発表され、西洋文化に衝撃を与えました。

日本で進化論は科学的真理と信じられていますが、聖書の記述を信じるキリスト教の宗派は多く、アメリカでは進化論を信じないキリスト教信者はかなり多いのだそうです。

ダーウィンは『人及び動物の表情について（The Expression of the Emotions in Man and Animals)』（1872年刊）で人間と動物の感情表現を分析し、ある種の感情が人間と動物で共通することを明らかにしました。わたしたちがイヌやネコ、その他のペットに感情を移入できるのはそのためです。

またダーウィンは、文化の違いに関わりなく感情を示す表情が人種共通であることも指摘しています。その証明のためにダーウィンが用いたのは写真です。いろんな表情写真を世界各地に送って、表情が示す感情を質問したのです。その結果は人種、部族、地域、文化を問わず表情が人類共通であることがわかったのです

失敗の原因は感情（怒り）にある

「人間は感情の動物である」と言われます。昔から感情、特に怒りは失敗の原因になることが多く、多くの哲人が「感情に気を付ける」ことの重要性を語っています。古代ギリシアのストア学者であるパブリアス・サイラスは「汝が感情に支配されないように、汝が感情を支配せよ」と言っています。

孔子は「君子は争うところなし」（きちんとした人間は滅多に喧嘩しない）、「怒りには難を思え」（怒ったあとの面倒を考えよ）と弟子に教え、仏陀も「怒りを捨てよ。慢心を除き去れ」と説いています。

今日でも怒りを抑えて平静を保つ「アンガーコントロール（アンガーマネジメントとも言います）」はコミュニケーションスキルの基本です。具体的なテクニックとして怒りのピークである6秒間をやり過ごす「シックスセカンズ（Six Seconds）」などが上げられます。

このように感情が人にとって重要であることは古くから理解されていました。心理学では、感情とは何かという定義に関する考察や実証分析など、様々な研究が行われてきました。しかし「感情そのものをうまく利用することは能力である」という視点からのアプローチはほとんど存在しておらず、かつ「EQは感情と思考（IQ）を統合する」働きがあるというサロベイ、メイヤー両博士のEQ理論はまったく新しい考え方として世界の心理学界に驚きを持って迎えられ、社会に浸透していきました。

EIからEQに変わった名称

サロベイ、メイヤー両博士が最初に発表した論文のタイトルは「Emotional

Intelligence」でした。またEQが一気に広まった契機は、1995年、当時ジャーナリストだったダニエル・ゴールマン氏が出版して世界的ベストラーになった『Emotional Intelligence』です。この段階までは「EI」であり、「EQ」ではありませんでした。「IQに対するEQ」というわかりやすい図式にしたのは、1995年10月9日号のTIME誌「WHAT'S YOUR EQ?」という特集です。「人生で成功できるかどうかを決めるのはIQではなくEQの高さ」というセンセーショナルな特集はたいへんな話題を呼びました。

TIMEだけでなくフォーチュンという有名なビジネス誌も「ビジネスの成功には、20%のIQと80%のEQが必要である」というサロベイ、メイヤー両博士の研究成果を大きく紹介しました。

このようにしてEQという言葉がアメリカ社会で認知され、その翌年に日本やヨーロッパで翻訳出版されたゴールマン氏の著作によってEQが世界で認知されます。日本では邦訳タイトルは『EQ　こころの知能指数』（1996年）であり、日本でもこれを機にEQブームが起きました。

EQブームと現在

１９９０年代半ばからEQは大きなブームとなり、企業人事関係者、特に人材育成や研修部門担当者の間で認知され、今日では１５００社を超える企業でEQが導入され、ビジネスパーソンに不可欠な能力として認知されて高い知名度を獲得しています。

現在のEQは、人間の能力開発や組織風土改善のための手法として確立しています。人材育成のみならず、採用、選抜、配置、組織開発と様々な場面で一般的に活用される時代になりました。

その後、EQは学校など教育関係機関にも広がりをみせています。また最近では医療分野でもEQが注目されており、糖尿病予防や生活改善にEQトレーニングの効果も証明されています。

新しい動きとしては、EQ検査の結果データを活用して、様々な分野の個人データとEQデータを統合させて新しい知見を得るという応用も始まっています。その一つがAIとEQの融合です。AIは膨大なデータをディープラーニングという手法で学習しますが、EQデータと融合させることで、人材育成などの組織課題だけでなく、ドライブ・レコーダー情報による運転スキル、健康診断の代謝情報による健康管理、いじめや自殺防止などの社会課題に有効であることもわかってきています。

2　EQ理論の4ブランチ

EQの定義は「感情をうまく使う能力」

わたしはEQを「感情をうまく使う能力」と表現していますが、EQ理論では「EQ＝感情能力（Emotional Intelligence）」を「感情をうまく管理したり、利用する能力」と定義しています。

わたしたちの行動は感情の影響を受けています。悲しいと泣き、うれしいと笑い、怒ると眉間にしわができて表情が険しくなります。緊張すると手に汗を握り、驚くと冷や汗をかき、興奮すると血圧が上昇します。そんな行動や生理現象に影響を与えているのが感情であり、その感情を管理、利用する能力がEQであるという定義です。

メイヤー、サロベイ両博士が発表した論文では次のように定義されています。

Emotional Intelligence refers to an ability to recognize the meanings of emotion and

図表 2-1　心理学における情動の定義

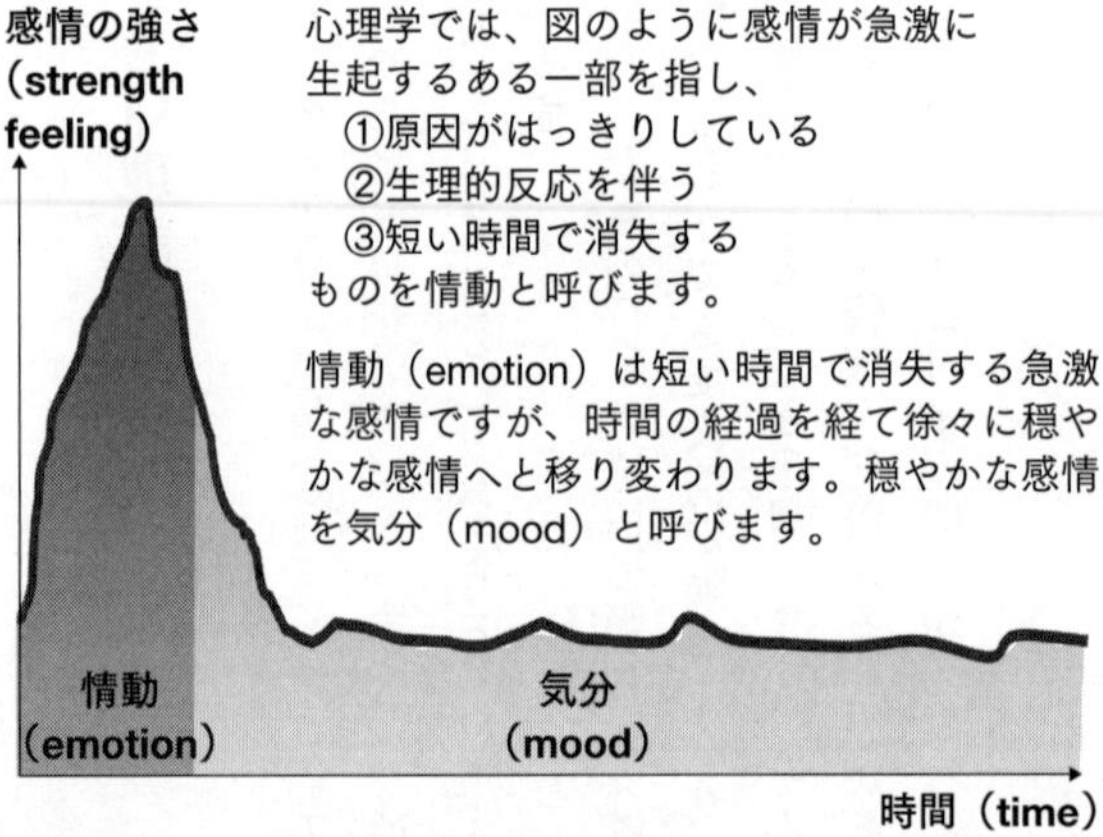
感情の強さ
（strength
feeling）
心理学では、図のように感情が急激に
生起するある一部を指し、
①原因がはっきりしている
②生理的反応を伴う
③短い時間で消失する
ものを情動と呼びます。
情動（emotion）は短い時間で消失する急激
な感情ですが、時間の経過を経て徐々に穏や
かな感情へと移り変わります。穏やかな感情
を気分（mood）と呼びます。
情動
（emotion）
気分
（mood）
時間（time）

their relationships, and to reason and problem solve on the basis of them.

「情動知能（EQ）とは、情動の意味および複数の情動の間の関係を認識する能力、ならびにこれらの認識に基づいて思考し、問題の解決をする能力を言う」

この翻訳ではemotionは「情動」と訳されていますが、「情動」は心理学における学術用語で、次のように定義されています（図表2－1参照）。

情動は感情のなかでももっとも強い感情のことであり、①原因がはっきりしており、②生理的反応を伴います。③その情動は、短時間（6秒から10秒）で気分となり、やがて消失します。情動からその後の気分（mood）を含めたものを「感情」といいます。

EQ能力を構成する4つのブランチ

EQが働くプロセスについて両博士は次のように定義しています。

Emotional Intelligence is involved in the capacity to perceive emotions, assimilate emotion-related feelings, understand the information of those emotions, and manage them.

「情動知能は、情動を知覚・識別する能力、情動から生じる感情を消化する能力、情動からの情報を理解する能力、情報を調整する能力が含まれている」

つまりEQは①「感情の識別」、②「感情の利用」、③「感情の理解」、④「感情の調整」という4つのブランチで構成されているのです（図表2－2）。

●ブランチ1 Identify（感情の識別）

感情の識別……自分自身の感情と相手の感情を識別する。

図表 2-2　EQで必要な4つのブランチ

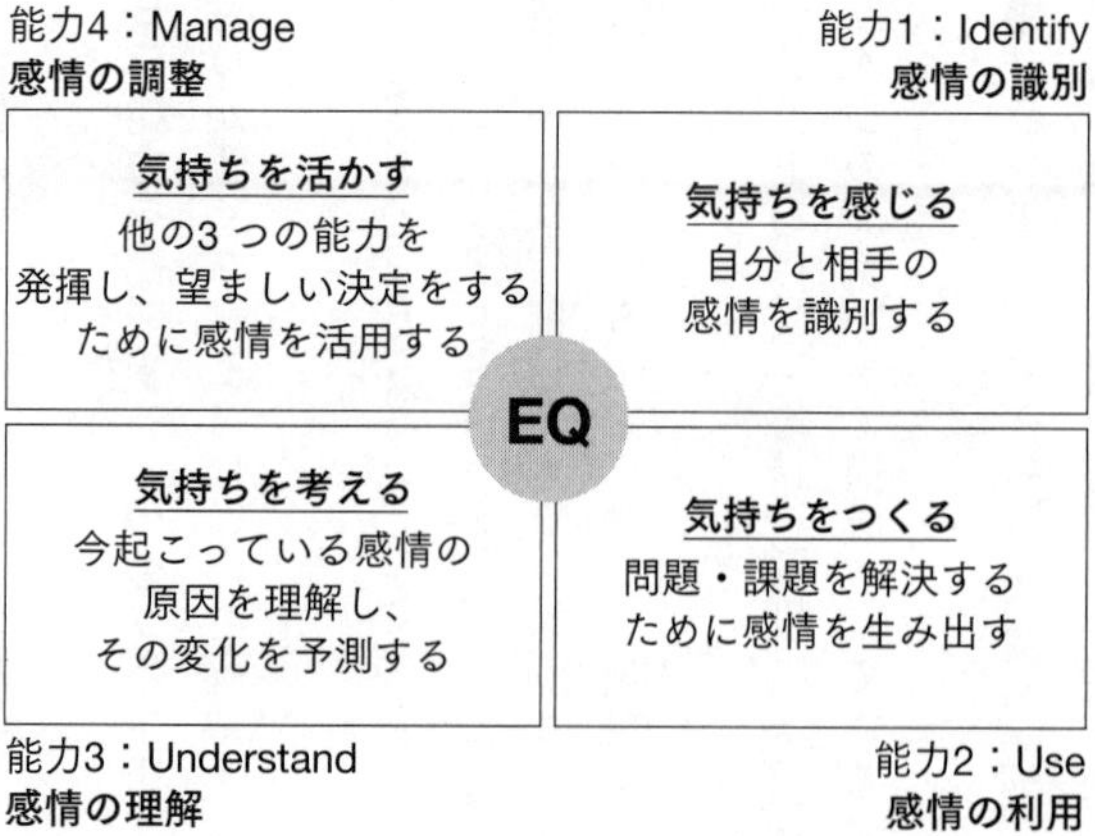

識別を分かりやすく言うと、気持ちを「感じる」です。自分と相手の気持ちを感じる能力であり、EQ発揮のもっとも重要な軸になります。EQ発揮のすべてはここから始まります。「感情の識別ができない＝気持ちがわからない」と、「気持ちのマネジメント＝感情マネジメント」はできません。

●ブランチ2 Use（感情の利用）

感情の利用……問題、課題を解決するために感情を生み出す。

利用を分かりやすく言うと、気持ちを「つくる」です。求められる場面で、求められる行動をするために必要な感情をつくる能力です。元気が必要な場面では、前向きな気持ちをつくり、冷静さを求められる場面では、落ち着いた気持ちをつくります。

●ブランチ3：Understand（感情の理解）

感情の理解……生起している感情の原因を理解し、どのように移行するかを理解する。

理解を分かりやすく言うと、気持ちを「考える」です。「仕事をしたくない」とき、その気持ちの原因が理解できていれば解決に導くことができます。能力不足が問題であれば学び、疲れが原因なら休みます。この能力は心のIQであり、EQが「心の知能指数」と呼ばれる由縁です。

●ブランチ4：Manage（感情の調整）

感情の調整……望ましい決定をする上で、感情を活用する。

調整を分かりやすく言うと、気持ちを「活かす」です。目的を達成するにあたり、求められている場面で、求められている行動をするために、ブランチ1〜3を統合し、調整する能力です。最終的にどの行動をとるべきか、その感情はどれが望ましいかは、このブランチで決定されます。

3 教育界が注目する「非認知能力」とEQ

非認知能力はEQと類似の概念

就学前の幼少期の教育で近年注目を集めているのが「非認知能力」です。「非認知能力」はIQや偏差値などによって代表される「認知能力」に対置される言葉です。認知能力は学力と言い換えてもよいでしょう。

アメリカのジェームズ・ヘックマン博士は2000年のノーベル経済学賞を受賞していますが、幼児期の教育が将来にもたらす影響についての研究でも知られています。博士の研究によれば、就学前の幼児に対するIQ教育は効果が持続しなかったのに対し、非認知能力は教育によって高まり、その効果は終生続いたのです。

日本では国立教育政策研究所が2017年に「非認知的（社会情緒的）能力の発達と科学的検討手法についての研究報告書」を発表しています。報告書は、非認知能力を「自分と他者・集団との関係に関する社会的適応」及び「心身の健康・成長につながる行動や態度、そしてまた、それらを可能ならしめる心理的性質」と定義しています。

この定義から分かるように非認知能力はEQと類似の概念です。また報告書では「EI(Emotional Intelligence)」という言葉を使って、EQを詳細に紹介しています。

教育界で非認知能力が重視されているのは、IQは遺伝的特質を持ち、教育効果もすぐに薄れてしまうのに対し、幼少年期に養われた非認知能力はずっと保持されるからです。

非認知能力は、自尊心、自制心、内発的動機づけ、共感性、道徳性、社会性などを指し、意欲、忍耐、好奇心、自尊心、協調性、回復力などの特性を持っています。こういう能力を持つ人間が社会的成功を得やすいのは当然でしょう。

子どもは1日に400回笑うが、大人は15回

ヘックマン博士の研究でも明らかなように、子どもはこころの感度が高く、感情能力は3歳から10歳にかけて飛躍的に伸びると言われます。この時期の幼児はにぎやかです。どんな騒がしい大人も幼児に比べれば静かです。以前に「子どもは1日200回以上笑うが、大人は20回以下」という記事を読んだことがあります。グリコのCMによればもっと回数は多く、「子どもは1日平均400回笑う」、「大人になると15回に減る」そうです。

確かにその通りで、仕事で会う大人は笑顔で話しますが、笑い声を聞くことはまれです。

その一方で子どもは元気です。孫や親戚の子ども（幼稚園児）がやってくると、家中を探索してふとんを引っ張り出したり、仏壇を開けたり、台所を混乱状態にしたりと大活躍です。子どもはよく寝るので、起きて活動する時間を10時間とすると600分。1分半に1回くらいは笑っているとしたら確かに1日400回になります。なぜ笑うのかというと楽しいから。なぜ楽しいかというと、子どものこころは開かれていて先入観がなく、あちこちを探索して新しい発見との出会いを楽しいと感じることができるからです。

基礎的読解力の低下とEQ

この数年のAIブームによって、異色の本がベストセラーになっています。『AI vs. 教科書が読めない子どもたち』もその一つです。著者の新井紀子さんは「迫ってきているのは、勤労者の半数を失業の危機に晒してしまうかもしれない実力を培ったAIと、共に生きていかざるを得ない社会です」と執筆の意図を語っておられます。

そのために必要なのは「AIに肩代わりできない仕事をやる能力」であり、その能力とは、「普通の常識＋『読解力を基盤とする』コミュニケーション能力と理解力」だそうです。

ところがこの能力を日本人が備えているかというと、そうではないようです。新井さんは、「常識や無意識の人間らしい合理的判断は大半の人が持ち合わせていることにしておきます」とかなり皮肉っぽい筆致で書いた上で、「問題は読解力を基盤とする、コミュニケーション能力や理解力です」と指摘しています。

その指摘は、大学生や中高生を対象にした学力基本調査に基づくものです。単純な算数や国語の問題を出題したところ、問題が解けない学生や生徒が多かったのです。問題が難しいのではありません。解けなかった理由は、問題の意図を読み解けないからです。なぜ読み解けないのでしょうか？

EQの観点からのわたしの考察ですが、その原因の一つは、問題を最後まで読み込む集中力がない、あるいは集中力が続かないことが考えられます。集中力も感情をうまく使って実現する力です。問題に集中できないと、「適当に答える」、「途中で問題を読まず回答する」ことになり、問題の途中で思考することを止めてしまうのです。

新井さんは中高生の能力が低いと指摘されていますが、中高生、大学生の能力が低いということは、大人の能力も危機的状況にあると言うことを意味します。その要因が集中力の欠如と関連しているとすれば、そこにもEQの活躍の場がありそうです。

PISA2018でも日本の子どもの読解力低下が報告されている

子どもの能力に関する調査では、経済協力開発機構（OECD）が2000年に開始し3年ごとに実施しているPISAが有名です。15歳児の学習到達度調査であり、読解力・数学的リテラシー・科学的リテラシーの能力を調べます。

日本は国際的に平均点が高い上位グループに位置しており、数学と科学ではトップランクです。しかし読解力はPISA2015から落ちており、PISA2018では504点になってOECD加盟37カ国中の15位でした。

この読解力について日本経済新聞夕刊（2018年11月6日）は麻布中学・高等学校の国語科教諭、中島克治さんの意見を紹介しています。「高い感受性とブレない強い意志を持ちつつ、他の人の気持ちに寄り添う、そのような力を培うのが読解力だ」。そして読解力を育てる方法として「読書は読解力を育てるには重要だが、まずは日常生活を大切にし、親子の時間を確保してほしい。日々の出来事に接し、感情の起伏を伴う生活を送ることで、読解力は自然と身に付く」とし、「接し方を反対にするのもよい。忙しいなら、話す時間をつくる。子どもにかかりっきりにならず、少し突き放す。過干渉や非干渉は読解力を育むうえで障害になる」と具体的です。

EQによって読解力を高める

中島さんは読解力を育てるには日常生活が重要と話しておられます。確かにその通りであり、学力が伸びない子どもは意思が弱く、まわりに流される傾向があります。よく言えば社交的でリーダーシップが旺盛で、勉強より友だちとの付き合いを優先します。米国で実施された学力とEQの相関に関する調査結果でも同じような結論が出ています。

この調査によれば、EQの高低でSAT（日本でいうセンター試験）の結果に数百点レベルでの差異が見られたそうです。EQが高まると、集中力が高まり、やりたいこととやるべきこととの優先順位を決めることが容易なので、勉強についてもタイムマネジメントができるのだそうです。

タイムマネジメントの例として勉強中の夜食があります。受験勉強している最中に夜食を持っていくと、高EQの子どもは、勉強の区切りがついてから夜食を食べたのに対し、低EQの子どもはすぐに食べる傾向が強かったそうです。そしてすぐに食べた子どもは食べ終えてから勉強を再開するときに、食べる前の勉強の箇所から始めることができず、問題の最初からやり直しました。逆に区切りのよいところまで勉強してから夜食を食べた子どもはそこから次に進めたそうです。

外的な行動にもEQは関係していたそうです。EQを学んだ子は、社会的なふるまいやしつけの面で向上が見られ、友だちとの喧嘩などのトラブルに巻き込まれる割合が少なくなり、家族との関係性も良好になり、その分学習時間を確保できるというのです。

わたし自身も、EQとしつけには深い関係があると思っています。EQが高まるとしつけが整い、挨拶やお礼の言葉「ありがとう」が自然に出るようになります。開けたら閉める、落ちたら拾う、点けたら消すという当たり前のことが当たり前にできるようになると、周囲からかわいがられ、かわいがられると周囲からの支援も受けやすくなり、病気で学校を休んでも、友だちのサポートが受けられ学業の遅れが少ないそうです。

感情回路を麻痺させている大人

子どもたちの非認知能力、笑い、読解力について書いてきました。では大人たちはどうなのでしょうか。ちょうど良い例が「チコちゃんに叱られる」というNHKの人気番組で紹介されていました。「なぜ大人の時間は早く過ぎるのか」というテーマです。

番組では大人の代表としてタレントの岡村隆史さんが、子どもの代表として小学生が登場していました。小学生と岡村さんには「日曜日に何をしましたか」というような質問が出され、小学生はたくさんのことをしたと答えていました。いっぽうの岡村さんは家でボーッと過ごしていただけ。

岡村さんだけでなく、多くの大人がそういう毎日を送っています。大人は経験を積んでいくので、成長するにしたがって新しいことに遭遇することが少なくなります。毎日起こることは子どもも大人も同じですが、子どもは、お母さんがウィンナーをタコの形に切ってあげると喜び、大人は「今日のおかずはウィンナーか」と考えるだけ。そこが子どもと大人の違いです。

経験を積んだ大人は毎日起こるイベントを経験によって無意識に処理し、子どもは新しい体験として学習しています。

大人はこころの感度を鈍らせて、感情を半ば麻痺させています。そうすると怒りや不安などを感じないので省エネです。省エネだけれど、惰性で処理していると、こころの感度がますます鈍っていくことを知っておいてください。

4 健康経営・働き方改革とEQ

課題解決にEQを活用する

「企業が抱える課題」を図表2－3で整理しました。大きなテーマは健康経営と働き方改革の二つです。企業は様々なデータを保有しており、それぞれの課題解決にデータを活用して取り組んでいます。そのデータとEQ（感情）データを組み合わせることで、さらに有効な解決方法が生まれます。

健康経営には健康診断の代謝データとEQデータを組み合わせることで生活習慣病を予防することが考えられます。EQ開発で自己管理の意識が高まり、食管理や運動を促し、健康改善に好影響を及ぼします。それは、メンタルヘルス不調の予防にもつながります。

政府が推進する働き方改革の背景には、少子高齢化による生産労働人口の減少があります。これまでの日本社会の仕組みは、人口増を前提にしていました。人口増は経済の拡大をもたらします。しかし若者が減って高齢化が進む人口減少社会では、経済は衰退していきます。これまでの仕組みややり方を変え、衰退しないための新しい働き方が必要です。働き方

図表2-3　企業が抱える課題

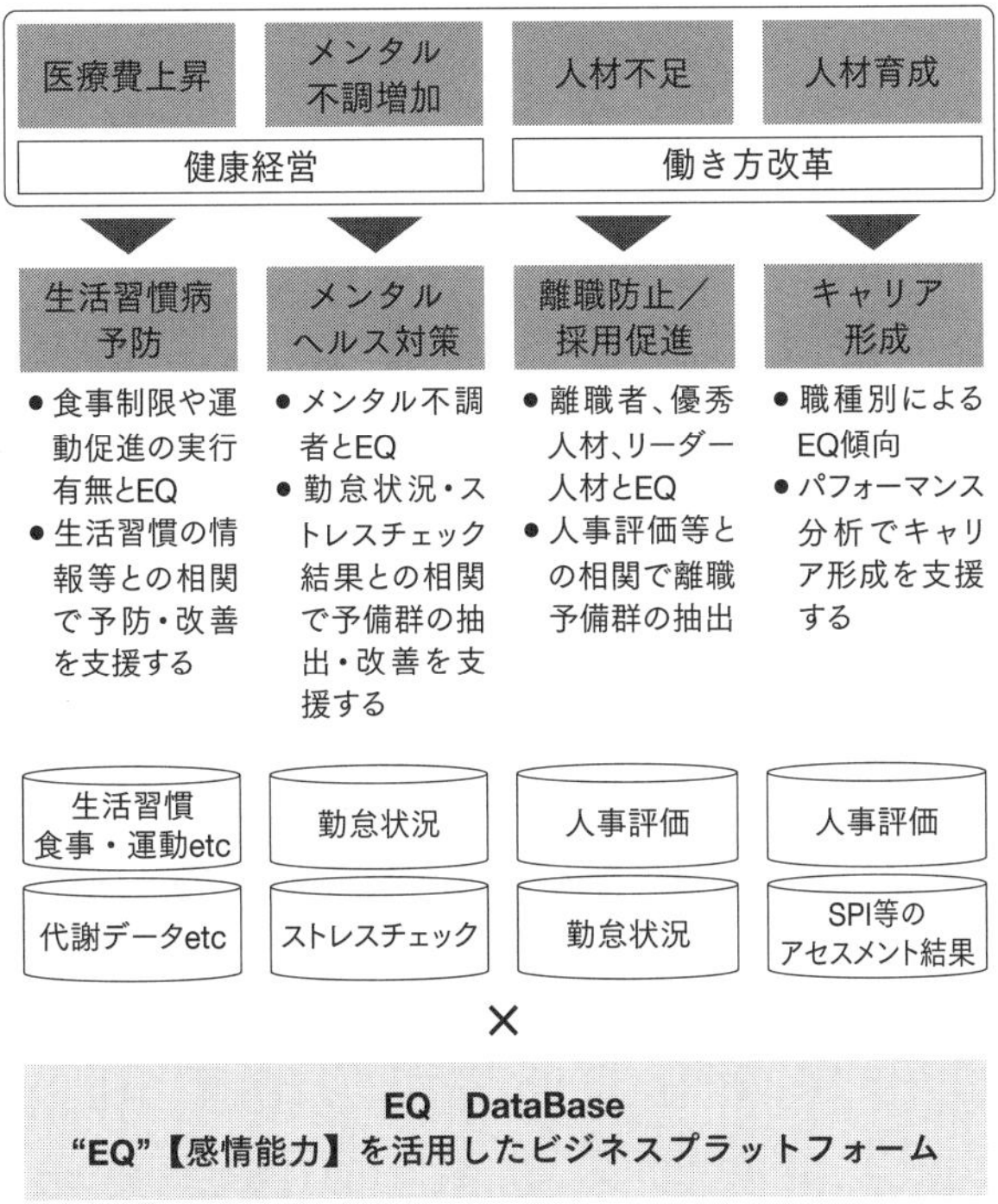
医療費上昇
メンタル不調増加
人材不足
人材育成
健康経営
働き方改革
生活習慣病予防
メンタルヘルス対策
離職防止／採用促進
キャリア形成
●食事制限や運動促進の実行有無とEQ
●生活習慣の情報等との相関で予防・改善を支援する
●メンタル不調者とEQ
●勤怠状況・ストレスチェック結果との相関で予備群の抽出・改善を支援する
●離職者、優秀人材、リーダー人材とEQ
●人事評価等との相関で離職予備群の抽出
●職種別によるEQ傾向
●パフォーマンス分析でキャリア形成を支援する
生活習慣
食事・運動etc
勤怠状況
人事評価
人事評価
代謝データetc
ストレスチェック
勤怠状況
SPI等のアセスメント結果
×
EQ　DataBase
"EQ"【感情能力】を活用したビジネスプラットフォーム

改革においては人事データベースとEQを組み合わせることで、人事マネジメント分野で様々な課題を解決することが可能となります。

生産性向上とEQ

ある企業の営業部門で調査した結果、EQを発揮すると、会議時間、社内調整時間が25%短縮され、商談時間も同じく25%減り、それが営業訪問者数の増加につながり、受注率も向上しました。なぜ、EQ発揮によってこのようなプラス効果が生まれたのでしょうか？

部門長の分析によれば「EQを発揮すると相手の本音に近づく」でした。EQを学び、EQを開発し、EQを発揮すると、交渉の場で相手の気持ちを聞く行動が増えたそうです。

実務レベルの交渉でよくあるのが「部門に持ち返って、上司と相談して、回答します。では来週……」ですが、これでは相手が見えておらず、来週に再訪しても無意味に終わる可能性が高いのです。しかしEQを発揮すると相手の気持ちが見えてきます。

たとえば「相手の実務担当者はこの交渉に関して、どう感じているのか、どう思っているのか」、「この交渉を受けるのか、受けないのか」、「受けたいのか、受けたくないのか」。

実務担当の本音がよくわからなければ、「上司を説得できるのか、できないのか」、「上司の予想される反応は、好意的？　否定的？　それはなぜ？」、「無理な理由は、物理的な問題？　それとも気持ちの問題？」と、聞いてみればよいのです。

EQを使っていると相手のこと（主に気持ち）が気になるので、よく質問するそうです。「受ける見通しが立たない、受ける気がない」と感じれば、次の交渉先を見つける行動に入ることまで予測を立てて交渉をしていたそうです。

これらの行動にはEQ能力4ブランチすべてが使われています。「なぜEQを発揮すると、相手の本音に近づくのか」を整理してみましょう。

EQを学び、EQを発揮すると、まず自分の気持ちに意識が向きます。自分の気持ちが分かると、相手の気持ちが気になります。自分が楽しくなると、楽しくなさそうな人に自然に「どうしたの？」と声をかけるようになります。自分が楽しくないと「たのしい？」と相手の気持ちを聞くようになります。相手の気持ちが分かると、自分の気持ちを分かろうとしている人の気持ちに応えようとします。

これらはわたしたちの自然なこころの動きです。わたしたちは自分の気持ちを分かろうとする人の気持ちを分かろうとします。自分の気持ちを分かろうとしない人の気持ちには応えようとしません。

図表2-4　EQと共感
〈EQを発揮すると……〉

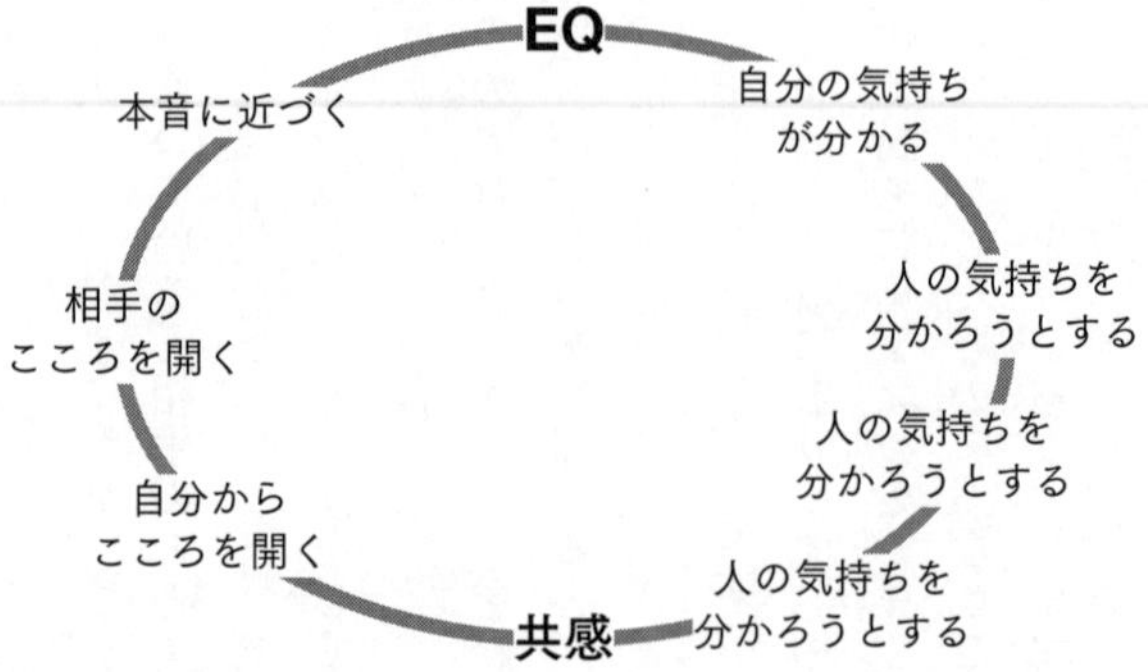

共感はお互いの気持ちを分かろうとして生まれる感情です。共感すると、自分から自分のことを話し始め、それを受けて相手もこころを開きます。そして本音を話し始めます。このループの繰り返しで、お互いの気持ちが近づき、本音に迫っていくのです(図表2－4)。

ところが商談場面でもEQを使わず、相手の気持ちを無視して進むことも少なくありません。たとえば以前に当社に来られた営業さんのプレゼンを聞く機会がありました。プレゼン開始後間もなく、わたしは見積もりページを見ました。それを見た営業さん、「それでは1ページからご説明します」と、わたしのほうを軽くにらみました。金額が気になるわたしの気持ちは無視されました。これでは商談時間の短縮は期待できません。

わたしはこころの中で叫びました。「ここは金額から入るっしょ！　商談なんだから」。

メンタルヘルス不調の原因は、職場の人間関係

健康経営の背景には、少子高齢化と生産年齢人口の減少とともに、健康保険の財政悪化という日本社会の構造変化があります。

医療費の上昇は企業の健康保険組合の財政を圧迫し、社員の健康問題は経営を揺るがす一因になりかねません。メンタルヘルス不調者も増加傾向にあり、それとともに休職者も増加して、企業の生産性を大きく低下させる要因になっています。そこで健康経営が企業の発展に大きな影響を与えるテーマとなり、経営戦略として取り組むべき課題となっています。

ではメンタルヘルス不調の原因は何か。図表2－5で示す通り、1位は「本人の性格の問題」67・7％ですが、「職場の人間関係」が58・4％で続きます。上司と部下の関係も多く、「上司・部下のコミュニケーション不足」が29・1％、「上司が部下を育成する余裕がない」は5・6％あります。つまり職場の人間関係がメンタルヘルス不調の大きな原因になっているのです。

メンタルヘルス不調がひどくなると、「精神障害に起因する労災」として認定されること

図表 2-5　メンタルヘルス不調者が現れる原因

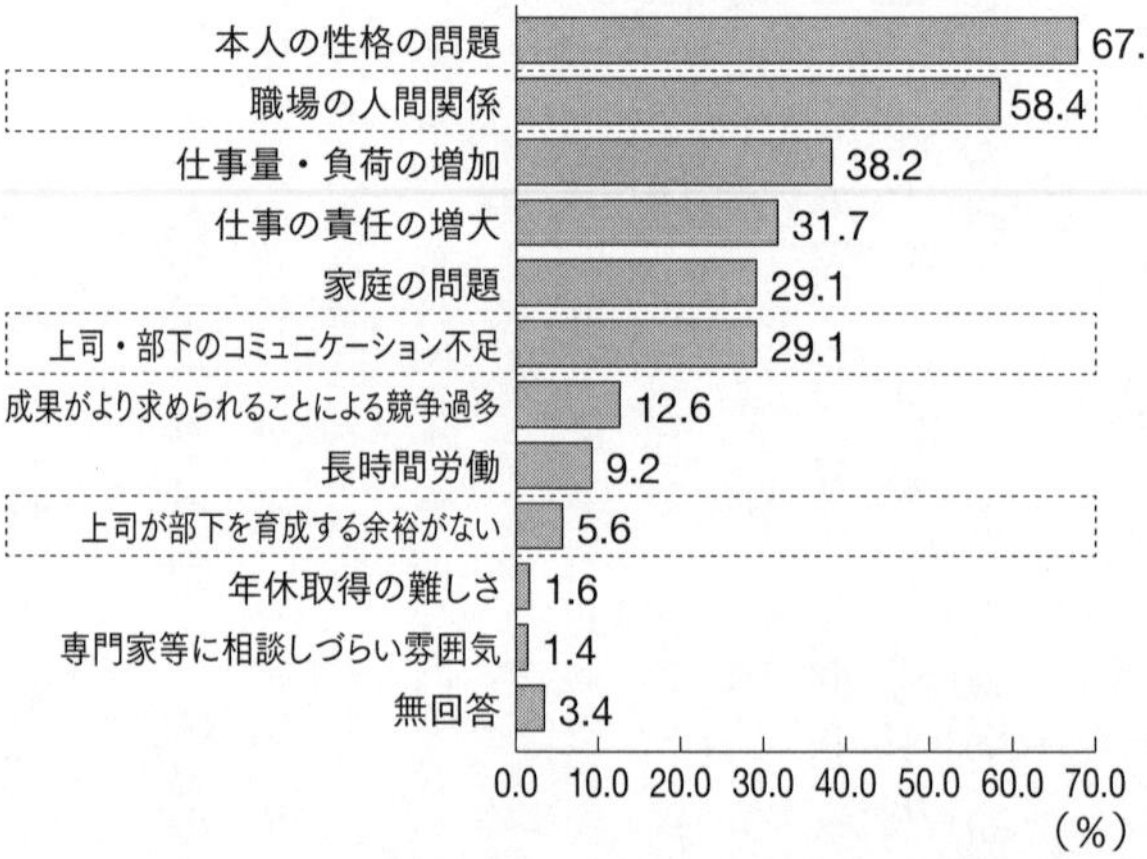

［注］　選択肢は3位まで3つ選択する複数回答
［出所］　職場におけるメンタルヘルス対策に関する調査（2012年3月発表／独立行政法人　労働政策研究・研修機構）

があります（図表2－6）。厚労省のデータによれば、労災認定される事案の原因で圧倒的に多いのは「上司とのトラブル」です。上司が労災の原因として認定されれば、会社のみならず、上司個人も責任を負うことになります。

日常を見ることで部下の状態を把握する

メンタルヘルス不調とは働く人の心の健康を意味しており、「平成29（2017）年　労働安全衛生調査」によれば、連続1カ月以上休業した労働者は0・4％、退職した労働者は0・3％です。1000人以上の企業では連続1カ月以上休業し

図表2-6　精神障害に起因する労災認定の主な理由

順位	出来事の類型	具体的な出来事	2013年度	
			決定件数	うち自殺
1	**対人関係**	**上司とのトラブルがあった**	**231**	**27**
2	仕事の量・質	仕事内容・仕事量の（大きな）変化を生じさせる出来事があった	127	27
3	対人関係	（ひどい）嫌がらせ、いじめ、又は暴行を受けた	115	7
4	事故や災害の体験	（重度の）病気やケガをした	92	4
5	事故や災害の体験	悲惨な事故や災害の体験、目撃をした	82	0

［出所］精神障害の出来事別決定及び支給決定件数一覧（2013年度・厚生労働省）

た労働者は0・8％と多く、10人～29人の小規模事業所では退職した労働者は0・4％でした。

労働者を対象にした調査では「強いストレスとなっていると感じる事柄がある」という回答が58・3％もあり、半数以上がメンタル不調に陥ってもおかしくないことがわかります。このような状況を踏まえて2015年12月から50人以上の従業員のいる職場で義務づけられたのがストレスチェックです。

しかしストレスチェックの結果は個人情報であり、個人の不調およびその可能性が見られる場合は、直接医療従事者につなぐことが義務づけられ、人事部、総務部が把握することはできません。

ストレスチェックの結果によって対応を決めることができないので、日常の行動から部下の状態を把握することが重要になります。つまり「社員の日常をちゃんと見る」、「お互いの挨拶や声がけへの反応で相手の調子をきちんと見極める」、「部下の心と体の不調を正確に把握する」。

上司の仕事の質は変化しています。成果という結果だけでなく、部下の体調管理も大きな仕事になっています。

メンタルヘルス不調のサインを見抜く「教科書」と「ドリル」

最近、メンタルヘルスに関する講演、研修が増えています。EQはどちらかというと能力開発、人材育成が得意な領域なのですが、メンタルヘルス不調、改善、予防へのEQ効果を期待されて、お声がけいただいています。

厚生労働省が推奨するプログラムに、一般社員向けに実施されるセルフケア研修と管理職向けに実施されるセルフケア研修があります。どちらもメンタルヘルス不調に陥る原因である「ストレス」とは何かを学び、ストレスのもととなる「ストレッサー」を発見し、それに正しく対応することが大切であることを学びます。

管理職向けの研修では、それらに加えて、健康管理に関する上司の役割、不調者の見極め方、不調者への対応方法を学びます。

企業では、毎年このプログラムを実施されているので、受講されている皆さまは、メンタルヘルス不調になる原因や対処方法などをよくご存知です。ただ、毎年同じプログラムなので、「すでに知っている」ことを理由に参加者が減る傾向にあります。また職場でもメンタルヘルス不調の改善が見られず、研修効果への疑問から、EQを探されたようです。しかし不思議なのは、これだけ研修で学ばれてきたのになぜ改善に結びつかないのかということです。

その理由は、知っていることと使っていることは違うからです。教科書として学習しても実践での使い方がわからないのです。知識もあるし対処方法も知っているが、現実にどうやって使うのか、実践するのかがわからないのです。

わたしは厚生労働省プログラムを「教科書」、EQは「ドリル」と位置づけ、様々なケースを想定した「メンタルヘルス不調改善×EQプログラム」をドリル形式で提供することにしました。それが図表2－7です。

図表2-7　不調のサイン（変化）とは

変化	教科書	ドリル
1.表情と身なりの変化	髪や装いの乱れ・お化粧	いつもの髪型や化粧を知ってます？
2.行動、言動の変化	遅刻・欠勤・否定語・愚痴	口癖を知っています？
3.身体面の変化	体調・睡眠・食欲など	一緒にご飯を食べたことあります？

「不調のサイン」として3つのポイントを上げており、①は「表情と身なりの変化」です。教科書は不調の変化として「髪や装いの乱れ・お化粧」の変化を上げており、受講者は知っています。しかし本当に部下の髪型を知っているのでしょうか？いつもの化粧に注意を払ったことがあるのでしょうか？

いつもの髪型や化粧を知らなければ、変化に気づくことができないのは当たり前です。しかし多くの上司は、部下の仕事に関心を持っていても、部下自身を見ることは少ないのではないでしょうか？

部下のことをよく知っていないと変化に気づくことはできません。髪の乱れ、服装の乱れが顕著にわかるようだと、その部下は既にメンタル不調におちいっている可能性があります。

②「行動、言動の変化」、③「身体面の変化」も同様です。遅刻欠勤に表れるようだと、手遅れの可能性があります。そうなる前の段階で、いつもの出退勤時間よりも少し変わってきてい

ることに気づかないと有効な対応は取れません。食欲の変化も食欲がなくなった時点で気づいていては遅すぎます。

AI with EQ

図表2－3で日本企業が抱える課題を整理し、健康経営では生活習慣病予防、メンタルヘルス対策、働き方改革では、離職防止／採用促進、キャリア形成を上げています。

それぞれの分野で、様々な個人データが存在します。では、そのデータとEQデータを組み合わせることで、新たに見えてくることはないでしょうか？

たとえば、人事データには、勤怠時間や残業時間データがあります。そのデータにその方のEQデータを組み合わせることで、メンタルヘルス不調者になる可能性のある方をAIで導きだすことはできないでしょうか？　生活習慣病予防では、検診データとEQデータを組み合わせ、健康管理に使えないでしょうか？

離職防止／採用促進やキャリア形成でも、過去の膨大な人事データと現在の状況を追跡調査することで見えてくることがあります。

企業には膨大で様々なデータが存在します。そのデータは「これまで」を示す数字ですが、ＥＱとＡＩを駆使することによって「これから」を生み出すデータになります。

それが人事データ×ＥＱデータにＡＩ技術を活用するビジネスプラットフォームです。たとえば、生活習慣病予防では、健康診断の代謝データとＥＱデータを組み合わせてＡＩを活用することで、個人の生活習慣傾向からＡＩが予測し、事前に予防や改善を支援することが可能になります。

糖尿病の予防と改善×ＥＱ

わたしは２０１６年に産学官で推進する徳島県の「糖尿病性腎症重症化予防プログラム」に参加しました。このプログラムの目的は糖尿病の予防と改善です。

糖尿病は生活習慣病ともいわれ、日本で約２０００万人の患者さんと予備群が存在しますが、これは日本人口の６人に１人の計算になります。予防においては、食事（栄養管理）と運動が有効とされています。

徳島県は糖尿病予防に積極的に取り組んできました。これまでに徳島大学医学部の医療従事者による臨床、および徳島データサービスの管理栄養士による食事管理と運動指導の組み合わせによる指導を糖尿病予備群に６カ月間実施しており、このプログラムによって食事と運動の効果が証明されています。しかし6カ月を過ぎると元通りになることもわかり、新しい糖尿病予防対策を模索されていたそうです。

糖尿病は患者さんの性格を試す病気ともいわれています。発症すると完治することはなく、一生つきあう病気なのですが、目立った自覚症状が一般的にはないため、真剣に取り組むことが難しく、治療を続けるには、糖尿病の知識に加えて正直さと自制と勇気が求められるといわれています。

6カ月の期間で、栄養指導と運動管理だけをした群と、EQトレーニングを取り入れてEQ開発をした群のEQ値の推移を調査しました。結果は興味深いものでした。糖尿病の症状はHbA1c値という数字で示されますが、数値改善に成功した人はEQが開発された方だったのです。

また、もともとEQ値が高い人が成功していることも大きな発見といえます。それは、EQが開発された方は数値改善に成功し、数値改善に失敗した人もEQトレーニングによってEQ値は向上しているので、将来的にHbA1c値が改善する可能性があることを示唆しています。

第3章

感情とは何か

1　喜怒哀楽だけではない感情

自覚することの少ない「感情」

当たり前ですが本書は「EQ」を主題にしています。EQは「感情能力＝感じる能力」であり、わたしたちが日常生活で普通に使っている能力です。自分や相手の気持ちを感じたり、前向きな気持ちをつくったり、気持ちを切り換えたり、カッとなると冷静になるように感情をコントロールしています。では、コントロールしている「感情」について、わたしたちはどこまで知っているのでしょうか。

わたし自身も「感情」という言葉を忘れることがあります。感情はわたしたちのもっとも身近にあり、とても大切で重要な役割を果たしているのですが、その感情自体に注目したり、意識したりすることは少ないものです。前述したようにEQ理論のブランチ1は「感情の識別」ですが、あなたは今の感情を感じ、自覚することを日常生活で意識的にしていますか？

生きていく上でとても重要な感情を雑に扱っていませんか？　蔑《ないがし》ろにして、できれば感情なんてないほうがいい、あると面倒くさいと思っていませんか？　日々の感情を無視し無意識に通り過ごしていませんか？

わたし自身、EQに出会うまではそうでした。珍しいことではありません。しかしEQは感情をうまく使う能力なので、EQを理解するためには、自分の「感情」を知る必要があります。そこでこれから感情とは何か、その感情の働きや効果について書きたいと思います。わたしは心理学の専門家ではありませんが、経験の中で学んだ「感情」を皆さまにお伝えします。

感情は無視できるが、わたしたちの中に必ず存続する

「人間は感情の動物」とよく言われます。感じることは生きることであり、感じることで考え、行動し、生存しています。わたしたちは、日々、感情＝気持ちを感じながら日常生活を送っています。

しかし、この感情にはやっかいで面倒なことがたくさんあります。よくあるのは感情的な一言で、人のこころを傷つけたり、人間関係を壊したり、信頼関係を失ったりします。感情的になるとは、感情を自己の管理下に置くことができず本能のまま行動することを意味しま

す。

好きと嫌い――これも一日に何度も感じる感情ですが、この感情に翻弄されながらわたしたちは生きていませんか。嫌いな上司、仕事、行きたくない会社。ここで感じている嫌いという感情とどう付き合うかは人生の大きなテーマです。

わたしは、EQを知れば知るほど、学べば学ぶほど好きと嫌いという感情をいかにうまく使うかが重要だという結論に行き着きました。好きと嫌いの感情をうまく管理したり利用できれば、わたしたちの社会生活、ひいては人生を、大きく変えることさえできると思えてきます。

好きという感情は前向きな気持ちをつくり、前向きな行動につながりますが、嫌いの感情は真逆です。ある男性上司が部下の女性に「そこのノートを取ってくれる？」と頼んだところ、汚いものに触るような手つきでノートを渡したそうです。嫌いな人のものはみんな嫌いなのです。着ている服も靴もかばんも、ノートもペンも、匂いも空気もみんな嫌いなのです。まさに「坊主憎けりゃ袈裟まで憎い」のです。

感情×EQは人生の質を決める

わたしたちの感情は日々、わたしたちとともにあります。その感情をうまく使う（EQ）ことは、日々のこころと体の健康に影響します。

毎日、朝の目覚めとともに「今日も会社に行きたい！」と起きていますか。それとも「行きたくない」、「生活がかかっているから、しかたない」と思って起きていますか。もし、後者であればあと何年それを続けますか。

毎日感じる「会社に行きたくない」、「会社が嫌い」の日々は、こころの負担となり、睡眠不足に食欲不振となれば健康を害することになります。

日々感じる感情、その積み重ねが人生であれば、感情をうまく使うEQは、わたしたちの人生の質を変えると言っても過言ではありません。

性格と感情は違う

これまでお会いした多くの方は、性格と感情を同じ意味で使われているようです。たとえば「あの人はすぐキレる性格だ」という言い方ですが、「怒りっぽい」は性格ですが「キレる」は感情です。温厚な性格の人でも理不尽な一言でキレることがあるし、優しい人、いい人も怒るとキレます。

性格を言い表わす言葉にネクラとネアカがあります。この二つは性格に近いと思いますが、ネクラも笑うし、ネアカも泣きます。そして笑う、泣くは感情から生まれます。

人間関係がうまくいかないと、多くの人がその原因として「性格」という言葉を使います。たとえば「性格の不一致」「馬が合わない」などです。

家庭だけでなく職場でも性格の一致・不一致は重要です。誰もがすぐにキレる人、怒りっぽい人とは一緒に仕事をしたくありません。そしてあなたは他人から嫌だと思われているかもしれません。

「性格が暗い（ネクラ）。もっと明るくなりなさい」、「性格が悪い。その性格を変えろ！」と上司に言われたことはありませんか？

「会社は変わります、あなたも変わってください」と会社に言われることもあります。しかし多くの方は「一体何を変えればいいの？　自分を変えるって……」、「それって性格を変えるの……？」と悩みます。わたしはそういう現実をたくさん見てきました。

もう性格で悩むのはやめましょう。なぜなら性格は自分そのものだからです。その自分を否定したりせず、そんな自分を思いっきりかわいがってください。自分をかわいがってあげられるのは自分だけなのですから。

「変えろ」、「変われ」といわれたら、変えやすい感情を変えてみませんか。ネクラで友だちができない、恋人ができないと悩むより、感情をうまく使って笑ってみませんか。性格が悪く、部下から信頼されないと悩むより、感情を使って共感力を開発しませんか。悲観的な性格でメンタルヘルス不調になりやすいと悩むより、感情をうまく使って、気分転換やオンオフを自由自在にあやつれる感情スイッチを手に入れませんか。

あの人とうまくいかないのであれば、感情をうまく使って、お互いのこころの距離を近づけませんか。もう性格で悩むのはやめましょう。EQをうまく使うことを学び、そのEQを開発してみませんか。

感情にフタをしない

二十数年前の出会いのとき、サロベイ博士に「感情にフタをしないでね」と言われたことをいまも覚えています。「いい感情（正の感情）も悪い感情（負の感情）もすべて受け入れてください。そこには貴重な情報があります」。EQに出会ったばかりのわたしには超難解なアドバイス。当時は意味がわかりませんでした。

わたしはＥＱは感じる能力、ＩＱは考える能力とお伝えしています。ではどちらが先か。私たちは感じてから考えていると思います。感情にフタをすると考えることができなくなります。負の感情にも意味があり、その意味を知ることで、事前準備、事前対策を練ることができるのです。すべての感情を受け入れることは、成長につながります。負の感情は特に無視したり逃げたくなりますが、そこで逃げてしまうと、ずっと追いかけてきます。不安や悲しみ、怒りの感情から逃げないで受け入れてください。逃げなければＥＱもＩＱも働き、きっと解決策が生まれ、それがあなたの成長につながります。

感情は情報を持ってやってくる

湧き起こる気持ち（うれしい、いとしい、こわい、悲しい）が生まれるには理由があります。感情は何かを認知してから生まれるので、「感情は情報を持ってやってくる」とも言えます。その情報に反応して感情が生まれるのです（図表３－１）。

感情のなかでももっとも本源的なものは恐怖です。恐怖は生存に関わる感情であり、普遍的です。たとえばヘビやクモに対して嫌悪感を抱く人は多く、高所や閉所に対する恐怖症を持つ人もかなりいます。見知らぬ人間に対する「よそ者恐怖」という感情もあります。

図表 3-1　感情と情報

「感情にフタをしない」

ん？　なんか変……
ん？　この人変かも……
ん？　嫌な予感が……

感情は情報を持ってやってくる

これらの恐怖の感情は進化の過程で人類が獲得しており、「毒牙に噛まれないように」、「崖や木から落ちないように」、「閉じ込められないように」、「知らない人間から危害を加えられないように」するために発せられる警報なのです。

ある人が近づいてきたとき、「ん？　なんかヤバイ」と感じるのは「よそ者恐怖」であり、この恐怖を感じると人は道を変えたり離れたりして逃避行動を選びます。

仕事でも「ん？　嫌な予感がする」という経験は誰でも持っているでしょう。これも危険を察知し、回避しようとする恐怖の一種です。わたしの経験では、この嫌な予感はかなりの確率で当たります。ただし危険が起こったとしても事前に「ヤバイ」と予見していると、無意識のうちに対処法を考えており、ダメージは小さくなります。

逆に「嫌な予感」に対し「そんなはずはない」と受け入れずに否定することもあります。そういうときに嫌なことが起こると、こころの準備ができていないのでダメージは大きく、ミスのリカバリーに手間取ります。

感情と合理性

誰にも感情はあるので「感情のない人」とは、「感情を使ってない人を演じている」＝「EQフル活用の人」とも言えます。しかしわたしたちは「合理的だけれど情のない人」という言い方をしばしば聞くことがあります。「情がない」とは「血も涙もない」冷たさを意味し、「感情を排して理に走る」ということです。このように「感情と合理性は対立するもの」と考えられがちです。

しかし、それは対立するものではなく、協力しあっていることを知ってください。感情を排しているのではなく、感情をうまく使って、理性を発揮し、冷静さをつくり出しているのです（図表3－2）。

大事なのは感情を放置しないことです。EQを使って感情を合理的に操縦すると、もつれは簡単に修復されていきます。

「好き」という感情も制御しにくいやっかいな心理です。400万部を超えるベストセラー

図表 3-2　感情と合理性

「合理性に感情は邪魔ではありませんか？」

合理性と感情とは対立するものではなくて
協力しあうものだということだ
したがって、合理的な人とは感情のない人ではなくて
感情の操縦方法をよく知っている人なのだ

—マッテオ モッテルリーニ
『経済は感情で動く—はじめての行動経済学』

感情はいつも使っている

『バカの壁』の著者、養老孟司先生は「好き」について興味深い指摘をされています。

週刊文春には20年以上掲載されている「阿川佐和子のこの人に会いたい」という名物対談コーナーがあります。養老先生も登場されており、「好きというのは病気だ。わけもなく、ある人のことが気になってしょうがなくなるのだから病気としか言いようがない」と話しておられました。

養老先生と阿川さんは『男女の怪』という対談集も出しておられ、「好き」の治療法を語っておられます。それは一緒にさせること。どんなに情熱的な「恋愛病」でも、結婚させればすぐに治るそうです。

人は他愛もない喧嘩をしたり、好きになったりする生き物です。そういう感情は原因や理由が曖昧。コントロールできず解決しにくいのです。しかし恋

愛のような深刻な病も、恋人から夫婦へと立場を変えれば、落ち着きを取り戻すことができます。多くのコントロールしにくい感情も、環境の変化、視点の変化によって別の感情へと変えることができます。

感情のプラスとマイナスを行き来するＥＱ能力

ＥＱは感情の使い方に関する技術でありスキルです。しかしポジティブシンキングのような研修を受講したことのある人はＥＱを誤解しがちです。ある講演で「ＥＱって、プラスの感情をつくることでポジティブになれるということですか？　マイナスの感情はＥＱとは関係ないのですか？」と質問を受けたことがありました。たぶんこの人はＥＱとは気分を奮い立たせるための方法だと思っていたのでしょう。

確かにビジネスにおいては、やる気や組織の一体感のために明るく、前向きな気持ちが大切であり、プラスの感情は欠かせません。ビジネス本の多くもそう紹介していますし、わたしも以前に『ＥＱ　こころの鍛え方』という本で「ＥＱは前向きな感情に注目した理論」と書きました。プラスの感情は効能がはっきりしているので、わかりやすいのです。

しかし感情には、マイナスの感情があります。ビジネスの常識では、マイナスの感情はネガティブ＝悪い感情と思われ、どちらかというと嫌われている感情です。わたしもこれまでマイナスの感情をテーマにした講演依頼を受けたことはありません。しかし、EQを学べば学ぶほど、このマイナスの感情が人生にとって重要な感情であることを感じずにはいられません。

EQはプラスの感情だけを扱うのではなく、プラス、マイナス双方の感情を行き来し、必要に応じて使いこなす技術やスキルです。

対人折衝などでは明るく、楽しく、前向きな気持ちをつくり、元気なやる気が必要です。その一方で正確な計算や、確実性を求められる検査や確認作業では集中力や精密さが求められ、悲しみや不安、恐れに近いマイナス感情がミスを減らすと言われます。ただしどちらの感情についても無意識であり、EQを意識的に使う人はとても少ないと思います。

感情と理性

チームの感情が一つになることで、計り知れないパワーが生まれ、奇跡が起こることがあります。あるプロジェクト、これ以上ないスケジュールで動いているプロジェクトが、経営判断で納期短縮となりました。やるしかない状況にもかかわらず、これ以上切り詰められない日程、切り詰めることでの品質劣化にも不安が残ります。考えに考え、工夫を凝らすも出口は見えません。こんなときのあるリーダーの一言、「きっとできる。かならずできる方法がある。あきらめるな」に、これまでと全く違うやり方が見つかり、納期短縮を成功させたという例があります。

これまでのやり方で解決できないとき、自信喪失してそこから逃げる道と、チームが気持ちを一つにして問題を解こうとする道があります。逃げる道を選ぶのは楽です。しかし、このプロジェクトでリーダーは「きっとできる」とチームを励まし続けました。そして大概の問題は乗り越えられるのです。そういう奇跡は全国の職場でいつも起きているはずです。

生存の危機に生まれる感情

「理性」は「感情」の対語として使われることが多い言葉です。たとえば友だちに対し、「そんなに感情的になるなよ。理性的に考えよう」と言うことがあります。この場合の感情とは、怒りや興奮によって「我を忘れている」状態を指しています。

そして「我」を取り戻すために「理性的になれ」と助言しているのです。この「理性」とは「客観性」を指しています。客観性とは、どのように事態が推移するのかを予測することを指しています。

感情は進化の過程で獲得されてきた形質です。多くの感情は生存の危機に対応して生まれました。戦って勝てるような相手に対しては怒りが生まれ、自分が負けそうならおびえが生じます。人間でも、偉そうに怒鳴り散らしている人間に対して怒りを感じることがありますが、それが屈強な巨漢であり、こちらに向かって来そうなら恐れを感じます。

しかしわれわれの社会で肉体的な優劣で決着が付くのはスポーツの世界に限られます。われわれが怒りを覚えるのは、自分の価値観が否定されたり、損害を被ったりするときです。しかしそういうときに怒って尊敬されることはありません。返ってくるのはマイナスの評価です。

そこで「理性的になれ」と助言するのですが、この考え方はEQそのものです。自分の感情に気づき、その感情の原因を理解して変化を予知し、目的に応じて感情をつくり、「理性」を生み出します。

感情と思考（ＩＱ）を統合するＥＱ

感情が人に及ぼす悪い効果は昔からよく知られていました。ローマ帝国最盛期に五賢帝時代（西暦96－180年）があります。5人の有能な皇帝が輩出して、ローマ帝国は絶頂期を迎えたのです。

その最後の皇帝マルクス＝アウレリウス＝アントニヌスは哲人皇帝と呼ばれ、『自省録』という著作を残しています。いろんな名言が書き残されていますが、その中の一つを紹介しましょう。

「何かが起こって落ち込んだとしても、その痛みの原因はその起こったことではない。それにかけていた自分の期待である。この期待は、いつでも自分で取り消せる」。つまり何かに対して思い通りにしたい（期待）という感情が、思い通りにならないときの失意の原因。自分の期待をなくせば失意もなくなると言っているのです。

マルクスは「われわれの人生は、われわれの思考によってつくられる」とも書き残しています。感情だけでは視界が開けません。感情と思考が結ばれることによって明晰さが生まれます。感情を伴わない思考は無力であり、思考を伴わない感情は盲目です（図表3－3）。

「恋は盲目」と言われますが、目はしっかり開けておいてください。思考が働き、恋の成就

図表3-3　感情と思考

「感情と思考を統合する」

気持ちを前向きにすることで
思考の幅が広がる

高度な意思決定を可能にする

に貢献します。

感情と記憶

「感情は記憶を強化する働きがある」。これはEQ理論の提唱者であるサロベイ、メイヤー両博士の言葉です。

皆さんはどんな記憶を持っていますか？　これまで生きてきて一番感動したことはなんですか。えっ？　思い出せない？　では最近感動されたことはなんですか？　すぐに思い出された方は、こころの感度が高い人です。日々の感情を感じながら生活されています。

もしかすると「記憶」という言葉から「勉強」を連想する人が多いかもしれません。問題の考え方や解き方、思考法も学んで身に付けるものですが、テストの点に反映されやすい勉強は記憶です。単語や数式、年号、名前などが記憶の対象になり、たくさん覚えていればテストでいい点が取れる傾向にありま

図表 3-4　感情と記憶

「感情は記憶を強化する」

感情は記憶を取り戻すスイッチとなる
そのとき感じたことが
こころのデータベースに蓄積される

感情は記憶を甦らせる

す。

しかし人間は勉強で得られる記憶はごくわずかです。人間が成長していく過程で重要な記憶は、人との交わりによって生まれます。友だちと遊んだこと、お母さんに本を読んでもらったこと、上司に叱られたこと・ほめられたこと。人は生活の中でいろんな経験を記憶しており、その経験のほとんどは感情と結びついています。

感情が動かない出来事（経験）は記憶されません。子どもの頃を思い出してください。卒業アルバムを見ても、誰だか分からない同級生がいるはずです。その同級生と一緒に遊んだり喧嘩をしたりすることがなかったからです。よく覚えているのは、楽しい思い出を共有している仲良しや、思いきりいじめられた相手でしょう。子どもの頃に経験した嬉しい、楽しい、面白い、悲しい、苦しい、つらいという感情が、その友だちとの思い出を定着させているのです。

人は成長して大人になります。そしてほとんどの大人は嬉しい、楽しいという感情に鈍感になっていきます。明るくなったら起きて、暗くなったら寝る。会社に行って仕事をして、12時になったら昼飯をとり、3時にコーヒーを飲み、5時になったら退社する——これではいかなる記憶も残りません。誰かに「昨日、何していたの？」と尋ねられても「はぁ？　えーっと……」と戸惑い、昨日の出来事を思い出すのに窮するでしょう。

忙しさやストレスに邪魔をされて感情にフタをして生きている30代、40代の大人だけではありません。まだ瑞々しい感性を持ち、友だちと歓声を上げて騒ぐ大学生でもそうです。

ある大学で講義をしたとき「最近、感動したことはなんですか？」と質問したところ、ほとんどの大学生が答えられませんでした。なぜか？

学生時代こそ楽しい、嬉しい瞬間とたくさん出会っているのではないでしょうか。学食のカレーの肉が大きかったと言うだけで仲間に自慢することもあるでしょう。でもそういう感情を喜びと自覚していないので、記憶に刻まれていないのです。嬉しいという気持ちが自覚できれば、感情に記憶され、その積み重ねで感動につながります（図表3－4）。

悲しみは120時間持続し、嫌悪や羞恥は30分で消える

感情には正の感情と負の感情があります。明るく楽しく元気よくという正の感情は組織を元気にし、明るい雰囲気をつくります。それをパワーに前に大きく進むことができます。多くの人が好きな感情だと思います。

負の感情はどうでしょう。怒りや悲しみ、不安という負の感情はビジネスでは忌み嫌われることが多く、組織の雰囲気を悪くし、暗くなることで意気消沈のイメージがあります。

では、どちらの感情にエネルギーがあるか。答えは負の感情、特に悲しみの感情です。

ベルギーにあるルーヴェン大学のフィリップ・ヴァーダイン教授とサスキア・ラブリセン教授は、感情の持続時間とその影響を計測するために学生233名を対象にした調査を行いました。羞恥、驚き、恐怖、嫌悪、退屈、感動、苛立ち、安心という感情はすぐに消失してしまうのに対し、悲しみは長く持続する感情であることがわかったのです。

悲しみがおさまるまでに要する時間は平均して120時間（5日間）なのに対し、嫌悪や羞恥は30分程度で消えてしまい、憎しみは60時間、喜びは35時間ほど持続しました。悲しみは嫌悪より240倍も長く持続するのです。

わたしたちが悲しみに共感するのは、長く続く感情だからでしょう。災害に際し、世界中

が支援するのは、被害に遭われた人々の気落ちに共感をするからではないでしょうか。正の感情は明るい雰囲気をつくるのに前向きなエネルギーをつくり、負の感情は生きるエネルギーをつくる大切な感情です。

災厄がもたらす深い喪失感の先に希望がある

アメリカ人なら2001年9月11日の同時多発テロ事件を強い悲しみや怒りとともに記憶しているでしょう。世界貿易センタービルに飛行機が衝突、炎上、そして崩壊する映像は世界に衝撃を与えました。

日本人なら2011年3月11日の東日本大震災によって起きた巨大津波と福島原発事故の記憶は鮮明でしょう。たぶんその日や翌日、数日後のことも記憶している人は多いはずです。悲惨な事故、災害は強い感情的体験をもたらし、鮮明な記憶を焼き付けます。

このような記憶と感情の先に人は希望を見つけます。津波によって破壊された情景を見て、人は復興を願います。じっさいにボランティアに参加する若者もいますし、現地に行かなくても多くの人が募金をします。わたしの記憶では Facebook の利用者が急に増えたのも東日本大震災以降です。おそらく「絆」の重要性を多くの国民が切実に感じたからだと思います。

深い喪失感が生きるエネルギーになるのです。悲しみを感じることで生きることの意味を振り返り、前向きに行動しようとするのです。

2 感情にはルールがある

感情のルール

感情は一定のルールに従って生起します。感情と表情の関係は人類にとってとても重要で、どの民族でもある感情を示す表情は同じです。だからわれわれは欧米の映画を観ても俳優の感情を理解し、楽しむことができます。

感情と表情は一致するので、泣くと悲しくなります。かつては「泣き女」という職業が世界各地にあったそうです。葬式のときに雇われて号泣し、その泣き声によって会葬者の悲しみがさらに増幅されるのです。

笑うと楽しくなります。子どもは楽しそうですが、よく笑っているのでそう見えるのです。

笑顔は笑いに似ていますが、相手が必要です。子どもは漫画を読みながらひとりで笑いますが、大人は好意を伝えたい相手がいないときに笑顔をつくりません。

感情はいろんな動きをします。怒りは強い感情ですが、意外に長続きせずいったん高まってもやがて消えていきます。しかし憎しみは持続し、復讐をテーマにした小説はたくさんあります。

感情は飢えや渇きによっても生じますが、空腹であっても恋愛であっても満たされればその苦しさは消滅します。

また感情は慣れによって感じなくなるものでもあります。暑さ、寒さも次第に感じなくなり、口うるさい母親の小言にも子どもは慣れてしまいます。

二日酔いはつらいものですが、頭痛や不快感に耐えて仕事をはじめれば、苦痛が消えていくことに気づくでしょう。時間の経過で症状が薄らぐことも一因ですが、毎日の繰り返しが不快感に対する耐性をつくっているのです。

感情には対象を持つものと持たないものがあります。悲しみは自律的でそれ自体で成立しますが、怒りは対象（相手）がいないと生まれません。そして一度生まれた怒りは相手を思い出すことで増幅していきます。これも感情のルールです。

情動の円環モデル

感情には構造があります。その構造を理解するのに役立つのが、心理学者のロバート・プルチック（1927－2006年）が1980年に提唱した「情動の円環モデル」です。感情構造についてはいくつもの説がありますが、プルチックのモデルがもっとも理解しやすいと思います。

プルチックのモデルは、感情を色彩で分け（怒りを赤、悲しみを青、喜びを黄色、恐怖を緑など）、それぞれの感情を強さによって3段階の濃淡で分けていますが、ここではモデルを簡略化して円環モデルを説明したいと思います。

プルチックは、根源的な感情を8つの純粋感情としています。「喜び」、「受容」、「恐怖」、「驚き」、「悲しみ」、「嫌悪」、「怒り」、「期待」は円環で示すと、正反対の感情は逆の位置にあります。「喜び」の反対は「悲しみ」であり、「怒り」の逆は「恐怖」です。

この8つの感情が最も強い状態（怒りなら「激怒」、悲しみなら「悲嘆」）では混じり合うことはないとしています。しかし純粋感情の濃度が薄い外環では、「愛」、「服従心」、「畏敬」、「失望感」、「後悔」、「侮辱感」、「攻撃心」、「楽観」という8つの混合感情が存在します。

情動の円環モデルは心理学に基づいて、とても分かりやすく整理されています（図表3－

図表3-5　プルチックの情動の円環モデル（1980）

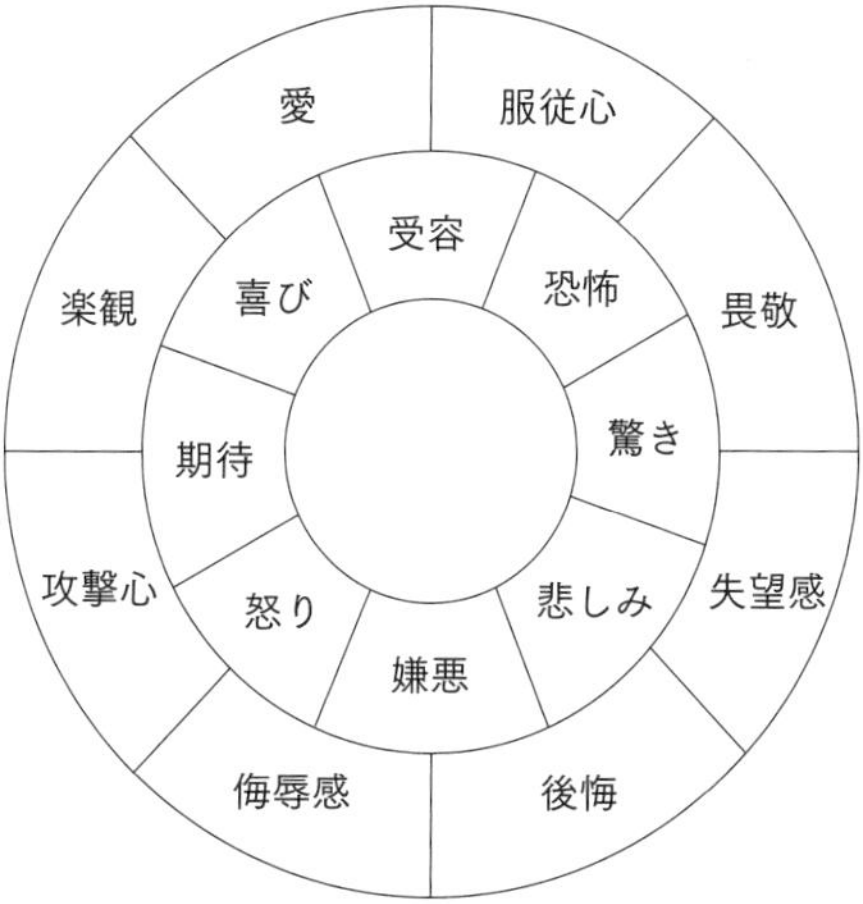

5）。わたしは、この円環モデルをビジネスシーンに置き換え、「攻撃心」や「パワハラ」を説明しています。

「攻撃心」は「怒り」と「期待」の混合感情

「攻撃心」という感情は、「怒り」と「期待」の混合感情です。上司が部下に対して「なぜこんなこともできないんだ！」と攻撃するとき、できないことに対する「怒り」と「あなたならできる！」「この仕事で成長してほしい！」という「期待」があるのです。

毎年4月になると新入社員向けに講演をさせていただきますが、ここで必ずお伝えするのが「攻撃心」です。配属先には上司はもちろん先輩がいます。現場にはこわい上司、こわい先輩もいらっしゃいます。できなければ怒られることもあるでしょう。「なぜ、できない！」と攻撃されることもあるでしょう。しかし、そこには「あなたに成長してほしい！」という「期待」が込められていることを忘れないで、とお伝えしています。

講演ではたくさんのことを話しますが、終了後のアンケートを読むと、もっとも新入社員の印象に残るのが、この上司からの「怒り」「攻撃心」の話です。「できないことを怒っているだけでなく、できるようになってくれと期待されているんですね」と、とても前向きになっています。きっと配属後に失敗して叱られながら成長していくと思います。

わたしにも思い出があります。子どものとき、親にこっぴどく叱られ、「こわい、ごめんなさい。でもそんなに怒らなくても……」と思っていましたが、今思うと母の怒りには混合感情の一つ、わたしへの「期待」があったのです。

社会人になっても叱られることは多く、もうずいぶん昔のことですが、仕事で大きなミスをしてしまい、お客様のところに謝罪に伺って厳しく叱責されたことがあります。そのとき最後に言われた一言が忘れられません。

「髙山さん、何も言われなくなったらおしまいですよ」。この言葉に対し、咄嗟に出た言葉が「ありがとうございます」でした。これはEQに出会う前のことですが、そのお客様の

「怒り」に、わたしに対する「期待」を漠然とでも感じたからこそ、わたしは「ありがとうございます」と自然に言えたのだと思います。

「怒り」に「嫌悪」が混合するとパワハラになる

部下を叱ったり、お店にクレームを付けたりする際には、自分自身の混合感情に注意しましょう。「期待」を含んだ「怒り」は相手に届きやすいのですが、「怒り」に「嫌悪」が混合すると相手は「侮辱」と感じます。「侮辱」は相手の人格を否定することにつながり、パワーハラスメントと受け止められる可能性があります。

「叱る」と「怒る」の違いはここです。怒りの混合感情に「期待」が混合すれば「叱る」になり、「嫌悪」という感情が混合すると「怒る」になります。

ハラスメントになるかならないかは、相手がどの感情を感じるかによって決まります。攻撃する際に相手が「嫌悪」や「嫌い」の感情を感じたならば、それは「侮辱」であり、人格否定と受け止め、パワハラとなります。

円環モデルは子育てにも使えます。2019年で7年目になりますが、ある企業様で「子育てEQセミナー」をさせていただいています。参加者はご夫婦です。このモデルを使って、怒ると叱るの違いを説明しています。難しいのが「期待」の気持ちのつくり方です。

人はポジティブな肯定語に接すると、そのメッセージを受け取りたいと思います。逆にネガティブな否定語を聞くと、そのメッセージを拒否するように反応します。それは子どもも同様です。「期待」を込めたポジティブな肯定語で叱ることをお勧めしています。

「大丈夫。きっとできるよ」「大丈夫、きっとうまくいくよ」「次はがんばろう」「いつかできるようになるからね」などなど。

投げかける言葉で感情は変わります。プルチックの円環モデルを理解していれば、自分の気持ちを整理して適切な言葉を選ぶことができます。

心理の移行曲線「人はすぐにはやる気にならない」

人間は与えられた状況や刺激に対し、無意識の解釈を行って感情を生み出しています。その解釈は固定的なものではなく、「今は苦しいが、やり遂げればその経験は成長につながるはずだ」と捉えなおして前向きな感情になっていくのです。

しかし最初から前向きな人はまれです。試練に対する普通の反応は「拒絶」です。試練とは今までやったことのないことが降りかかることなので、できるかどうかは分かりません。

図表3-6　人はすぐにはやる気にならない

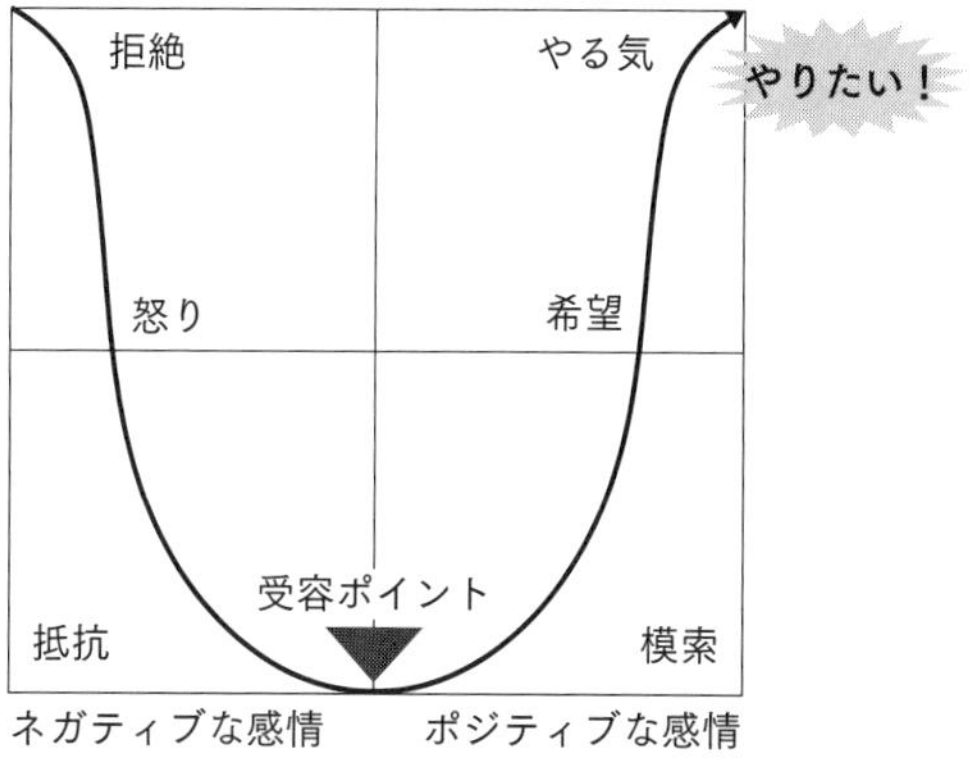

できないことはやりたくありません。しかし人生は試練の連続です。

たとえば取引先から「今までの発注のやり方を変えます」と言われ、「このままでいい。変えて欲しくない！」と感じたことはないですか？

新プロジェクトのリーダーに大抜擢されたときに「いやだ、無理！」と拒絶の感情を感じた経験はありませんか？　経験不足で自信がなく、失敗に対する不安と恐怖から「少し考えさせてください」と答えたことはありませんか？

上司の立場では逆の体験をすることになります。部下にチャンスを与え、やる気にさせようとしているのに、部下がなかなかその気になってくれないことはよく起こります。そんなジレンマを経験したことはあるはずです。

経験したことのない変化に対し、このような反応をするのは当たり前のことです。人はネガティブな感情からスタートして、次第にやる気になってきます。まずネガティブな感情を感じることからやる気になっていくのです。

人は、この曲線を通ってやる気になります。拒絶→怒り→抵抗→模索→希望→やる気。これがネガティブな感情からポジティブな感情への移行曲線です(図表3−6)。

やる気になるために必要なネガティブな感情

「はい、頑張ります!」とすぐにやる気になる人がいますが、そういう人はすぐにやる気を失うことがあります。ネガティブな感情を受容し、乗り越えて人はやる気になります。ネガティブな感情はやる気になるために必要な感情であり、やる気になるためのプロセスです。

最後に頑張れる人は「拒絶」から始まります。「でも頑張れ!」と言われても、「嫌だ」と抵抗します。それでも、励まされ、応援されつづけると、友人や同僚の支えを感じます。そして上司から「俺がついている。失敗の責任は俺がとる!」と力強く言われて、その気持ちを受け入れた瞬間から、「模索」というポジティブな感情に移行します。

「模索」に入れば、「ではどうすればいいんだ?」と方法を探し始めます。そして「もしかすると！」と「希望」が見えてきます。希望が見えてくれれば、やる気はそこまでやってきています。

部下の育成においても心理の移行曲線は同じです。部下が拒絶、抵抗しても上司は育成をあきらめないでください。そこであきらめたらあなたの部下はいつまで経っても育ちません。

繰り返しますが、部下の育成で注意したいのは、すぐにやる気になる人です。そういう人はやる気を失うのも早く、成果も低いことが予想されます。

あるお客様に心理の移行曲線についてお話ししたところ、あとで「こんな結果が出た」という報告がありました。すぐにやる気になった人の成果は70％だが、この曲線を通って、やる気になった人の成果は１２０％だったそうです。

営業でも有効な心理の移行曲線

心理の移行曲線は対人折衝できわめて有効です。たとえば営業場面です。お客様はすぐに買いません。すぐに契約してくれません。

他社製品から自社製品へのスイッチをお願いして、すぐに「いいよ」と言われることはありません。まず拒絶されます。「今のままでいいんだよね」と抵抗され、それでも「一度だけ見積もりを出させてください」、「提案の機会をください！」と通い続けるうちに、お客様の気持ちが変わってきます。「じゃ見積もりだけでも出して」と模索プロセスに移行してくれると、希望が見えはじめて契約の可能性が出てきます。

すぐに契約をするお客様は注意しなければいけません。すぐに買ってくれるお客様は、少しの行き違いで大きなクレームになることがあるからです。

心理の移行曲線はすべての人間関係でも成立します。すぐに仲良くなる人との関係は弱く、関係が長続きしないことが多いものです。信頼を築くまでに、お互いが拒絶したり、抵抗したりと喧嘩もするでしょうが、そういうプロセスを経て、互いが互いを受け入れて、強い信頼が生まれるのだと思います。

すぐに手に入るものは、手放すのも早いのです。大事なのはネガティブな感情にフタをしないこと、それはやる気になるために必要なプロセスなのです。

死の5段階受容

これまでネガティブ感情からポジティブ感情への心理の移行曲線について説明しました

が、人間は死に対しても同じような心理プロセスを経て受容に至るのだそうです。本書が扱うテーマとして死は重いものですが、概要をご紹介しておきます。

終末期医療などに携わる人によく知られた心理プロセスが「死の5段階受容」です。これはキューブラー・ロスというアメリカの女医が200人の死にゆく人にインタビューをして、どのように死を受け入れていくのかを研究した成果を『死ぬ瞬間（On Death and Dying）』（1969年）にまとめ、発表した心理プロセスです。中公文庫に邦訳があります。

彼女によれば、死に対して心理は5段階で変わっていきます。まず第1段階は「間違いだ」「あり得ない」と感じる「否認と孤立」です。

第2段階は死の可能性が否認できなくなる「怒り」です。「なぜ、わたしなんだ！」と憤り、羨望、恨みなどの感情があらわれます。

第3段階は奇蹟や死期の延期を願う「取引」です。神への約束や善行によって死を取引しようとするのです。

第4段階は「抑うつ」です。あらゆるものに対する喪失感が強くなっていきます。

第5段階は死への抵抗が終わりに近づく「受容」です。憔悴とまどろみによってほとんどの感情がなくなり、解放を願うようになります。

「死の5段階受容」では、「否認と孤立」→「怒り」→「取引」→「抑うつ」→「受容」というプロセスが有名ですが、キューブラー・ロスは5つの段階を説明した5つの章のあとに「希望」という章を設けています。どのようなときでも人間は希望を見いだそうとすることがキューブラー・ロスの著作からわかります。

3 自分理解と他者理解

自分の気持ちを感じないと、相手の気持ちも感じない

わたしたちが生きていると言うことは、なんらかの感情を抱いていると言うことと同義です。しかしその感情に対する自覚はなく、感情に支配されているのです。感情は無意識に始まり、感情を体験しているときには、その感情そのものになっているので、感じているという「事実」を自覚していません。

この状態でEQスキルを使うことはできません。なぜならEQの基本は「感情の識別」だからです。感情の識別は「感じている自分の自覚」と言い換えることもできます。

たとえば、上司から理不尽な一言を浴びせられたときにキレてしまう（感情的になる）のは、自覚できていないからです。

自分のカッとした気持ちを識別し、自己の管理下に置き、「あー、これってかなり怒ってるなー」と感じることが自覚であり、その時点でEQは働いており、感情をうまく使うことができる状況にあります。結果、怒っている上司に対してはとりあえず「申し訳ありませんでした」と詫びを入れ、「このようなミスを絶対に起こさないように気を付けます。本当にすいませんでした」の言動となり、それ以上ことが大きくなることはないでしょう。

最悪なのは売り言葉に買い言葉です。EQを使わない本能のままの戦いとなり、そのあげくが怒鳴りあい。怒りの感情に支配されていると大人でも喧嘩をしてしまいます。

嬉しいとき、楽しいときも同じです。よく晴れた快晴の朝に晴れやかな気分であっても、その気分を自覚していない、そんなときは、「今日も楽しい一日になる」と自分に話しかけ、楽しい気持ちを自覚しましょう。

自分の気持ちを自覚できないと、人の気持ちもわかりません。自分の気持ちを自覚すると、相手の気持ちが分かるようになります。

感情の共有と情報の伝達

コミュニケーションには二つの目的が存在します。感情の共有と情報の伝達です。

私の3つの失敗談をご紹介します。

「髙山さん、今少し話せますか?」。仕事の相談と思ったわたしは、「何があったの? 具体的に言ってね。で、どうすればいい?」と矢継ぎ早に質問攻めしました。すると彼は、「もういいです、あとにします」と帰っていきました。たぶん「髙山さんって人の気持ちが分からない人」と思ったことでしょう。わたしは情報の伝達を目的と勘違いし、このような対応をしてしまったのです。

でも本当は、わたしに何かを伝えたい気持ちがあったのではないでしょうか。頑張っているという気持ちや辛さをわかってほしい、良いことがあったから一緒に喜びたいなど、感情の共有をしてほしかったのではないでしょうか。

二番目は夫婦の会話です。夕食時に妻が「今日ゴミ出しでお隣さんと揉めたのよ」と言うので、「ごみの仕分け間違ったの?」という一言を返したところ、おかずが一品下げられました。

「大変だったね。俺がお隣さんにガツンって言ってやるか!」と言っていたら、おかずは2

図表3-7　感情の共有か情報の伝達か……

〈相手の話には二つの目的がある〉

■ 共有：「わっかる～、そりゃ大変だったねー」
■ 伝達：「何があった？　具体的に話して」
■ NG！：「結論を先に……」

迷ったら、まずは感情の共有から

品増えたと思います。やはり感情の共有が目的で、妻は慰めてほしかったのです。ごめんなさい。

三番目は大学生の長女です。会社に「お父さん元気？」と電話がありました。情報の伝達が目的と思ったわたしは「お父さんはこれから出かけるので、必要なものと金額を入れてメールしてね」と電話を切ろうとしたそのとき、「本当にお父さんの声が聴きたかったのに……」の言葉に立ち尽くす父。

その後数カ月、長女から電話が来ることはありませんでした。最低最悪の親です。すみません。感情の共有と情報の伝達を間違えるとこういうことが起こります。

では、どうするといいか。どんなときもまずは感情の共有が最初です。もし情報の伝達が目的だったら？　大丈夫、感情の共有から入れば、すべてはうまくいきます。

第4章

EQのトレーニング

1　EQトレーニングの考え方

2カ月間強制的に行動を変える

それでは本書のタイトルとなっているEQトレーニングに入っていきましょう。まずトレーニングの考え方を理解してください。EQトレーニングの考え方は図表4－1のとおり行動心理学に基づいています。

EQ理論の定義の一節に「感情は行動に影響を与える」とあります。であれば、行動に影響を与えれば、感情に影響を与えることができるとわたしは考えました。

つまり、行動を変えることで、感情を変えることができる。そうであれば行動心理学に基づいた行動を変えるトレーニングをすればEQが開発できるということです。

行動心理学によると「2カ月間強制的に行動を変えると、その行動は自動化し、その行動ができるようになる」。その行動ができるということは、その行動に影響を与えている、感情が開発されるということです。

開発期間は2カ月。まずは2カ月間行動をしてみましょう。そこで一つポイントになるの

図表4-1　EQ開発の考え方

EQ理論：感情は行動（思考・態度も含む）に影響を与える

▼

行動に影響を与え、感情を変える

Step1	型を覚える	**…感情の使い方を知る**
Step2	↓ 体に教え込む	**…行動してみる**
Step3	↓ 自動化する	**…クセにする**
Step4	↓ EQを伸ばす	

開発のポイント
- 期限を決める
- あなたの応援者をつくる

が「応援者」です。継続するためには、あなたを応援してくれる人に協力をお願いしてください。巻末の「EQ能力開発シート」に2カ月分の記入スペースを用意していますので、応援者の役割についてはそちらで解説させていただきます。

日常生活のルーティンを変える

EQ開発では「自分を変える」という意識を持つことが大事です。でもその前に「本当に変わるの?」を体験されてから、EQ指標の開発トレーニングに進んでいきましょう。では、どうやって体験するか。毎日のルーティンを変えてみましょう。毎日のルーティンとは、たとえば起床時間、電車に乗る時間、乗る車両などなど、たくさんあります。

じっさいに日常生活の行動を振り返ってみると、

ほとんどがルーティンだったことに気づきます。たとえば食事や入浴です。食べる順番や体の洗い方は長年のルーティンになっていませんか。食事で先に手を付けるのが味噌汁なら、ご飯から食べるようにする。好きなものは後で食べるように変える。お風呂の湯船に右足ではなく左足から入るようにする。洗う順番も頭からではなく肩から洗うようにする。今まで無意識に行っていたルーティンを意識的に変えてください。仕事もそうですが、あなたはデスクに着いてまず始めるのがメールチェックであれば、まず机上の整理からに変える。自販機で買うお水や缶コーヒーの銘柄を変えてみるなど、いつものルーティンを変えてください。

大切なのは「変える」意識です。一生をかけてやる必要はありません。2カ月だけルーティンを変えると、その意識が様々な場面で、あなたの変化を促し、「変わる！」と思える自分が生まれます。

EQは後天的に高めることができる

EQの歴史は1990年に発表された「EQ理論」という論文から始まります。わたしはこの論文にある「EQは開発できる」という一文との出会いを今でもはっきりと覚えています。論文には「EQは、遺伝などの先天的な要素が少なく、教育や学習を通して後天的に高めることができる」と書かれていたのです。

この「後天的に高められる」の意味をわたしは「開発可能」と解釈し、1995年にEQ理論提唱者のサロベイ、メイヤーの両博士にお会いしたときに、「そういう解釈でいいのか」と両博士に質問しました。答えは「イエス」でした。

部下のIQ（理解力）を伸ばしたり、性格を変えることに限界を感じ、長年格闘してきたわたしが目覚めた瞬間です。具体的な方法は後述しますが、誰でもEQは開発できます。

起点となるのは自分のEQ現在地

EQトレーニングは、今の自分を変え、なりたい自分になるために行います。フィジカルなトレーニングでは、パワー、スピード、スタミナ、スキルなどの向上を目指します。スポーツクラブでは入会者に対し、テストを行い、その人の体力レベルを測定し、インストラクターが効果的なプログラムを作成してくれます。

EQトレーニングでは、専任インストラクターはおらず、自分でメニューをこなしますが、現在のEQ能力を知るところから始めることは同じです。

スマホの地図で行きたい場所を調べる場合でも起点は自分の位置です。現在地が分かるから目的地にたどりつけます。EQトレーニングで今のあなたのEQ現在地を示すのがEQ診断です。今の自分を知って、なりたい自分を目指してください。

EQトレーニングを実践していくと、目標とする自分にどれだけ近づいたかを知りたくなります。EQ診断を使えば、なりたい自分までの道のりを確認することもできます。そしてトレーニング後、再受検することができます。自分がどう変わったかを知ることは、これまでの努力が報われた結果でもあり、次の自分の成長を促進するモチベーションにもなります。2回の受検で成長した自分を確認し、成長した自分をほめてあげてください。

読者はEQ診断を無料で受検できる

本書の読者は無料でこのプログラムを受検できます。この診断を受検して、トレーニング前と後の2回受検でご自身の変化を確認されることをお勧めします。

古代ギリシアのデルフォイにあったアポロン神殿の入り口に「汝自身を知れ」という言葉が刻まれていたそうです。世界を知るためには、まず自分自身を理解しなくてはならないという意味でしょう。昔も今も、自分を高めるためのステップは同じです。

受検の流れは、左記の通りです。

図表4-2　受検の流れ

1. 次ページのアドレスまたはＱＲコードに、受検に必要なデータを入力する。
2. 1で入力したメールアドレスに、ログインＩＤ（ＵＲＬ）、パスワードが記載されたメールが届く。
3. メールに記載されたＵＲＬにアクセス、パスワードを入力し受検を開始し、結果を確認する。

a. 「ＥＱをチェック」→ b. テストを選択 → c. 個人情報の取扱いに「ＹＥＳ」で受検開始 → d. 57問回答後、「次へ」→ 診断結果が表示されます。

2カ月間のＥＱトレーニング後に再受検できます。トレーニングによって変化したＥＱ能力を確認してください。

＊本トレーニングは予告なく一部または全部を変更・追加・廃止することがあります。

ＥＱ診断結果の読み方

ＥＱ診断は5つのパートで構成されています。①ＥＱ診断結果（コメン

①受検アドレス

- URL：
  https://training.check-eq.com/regist/bookForm

- QR コード

②不明点等、問い合わせ先のアドレス

eqtraining@eq1990.com
（株式会社 EQ　EQ 診断係）

ト）、②EQこころの知能指数、③EQレーダーチャート、④EQ12指標スコア、⑤こころの状態（元気度）です（図表４−３）。

①EQ診断結果（コメント）は、全てのパートの結果をもとにあなたの診断結果を総合的に解説しています。

②EQこころの知能指数は、今のEQ能力の高さを指数で表しています。IQ（知能指数）同様、指数が高いほどEQ能力は高く、平均値は119点です。※EQ指数は変動します。開発すれば上がりますが、EQを意識しなかったり、開発行動をしなければ下がります。

③EQ能力のバランスを見るレーダーチャートの目的は、「現在のEQ」を知ることです。EQの4ブランチ（識別、利用、理解、調整）のEQ能力を12の指標に分類し、10段階で評価しています。ハイスコアは5以上で、ロースコアは4以下です。評価値が高ければEQ能力は発揮されており、低ければEQ能力は発揮されていません。レーダーチャートなのであなたのEQ能力が一目でわかります。

④EQ12指標スコアは、あなたのEQ能力を12指標で分類しスコア化しています。それぞれの指標の解説については124ページ以降を参照ください。この4ブランチ12指標は

図表 4-3　EQ 診断の画面

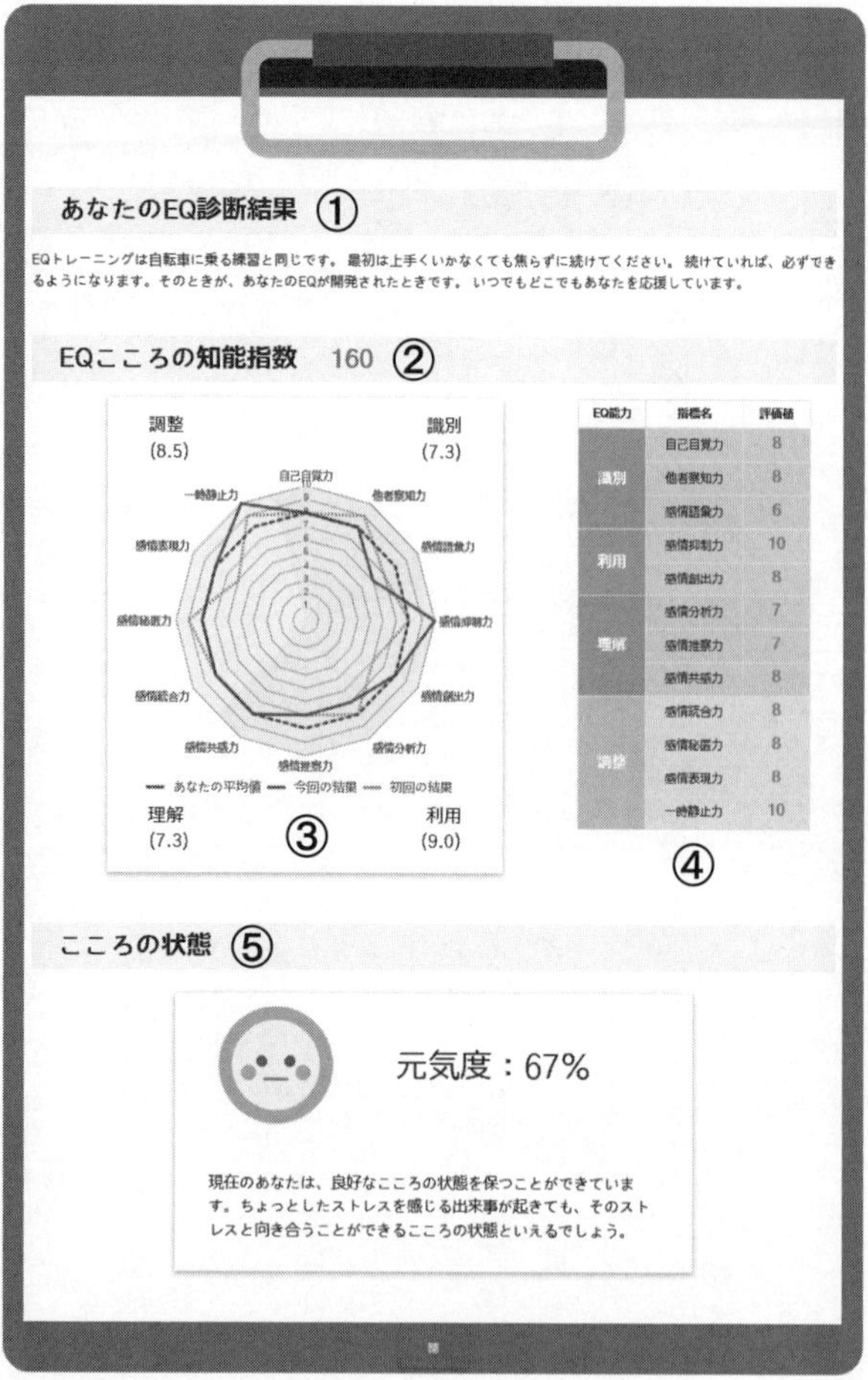
あなたのEQ診断結果 ①
EQトレーニングは自転車に乗る練習と同じです。 最初は上手くいかなくても焦らずに続けてください。 続けていれば、必ずできるようになります。そのときが、あなたのEQが開発されたときです。 いつでもどこでもあなたを応援しています。
EQこころの知能指数　160 ②
調整
(8.5)
識別
(7.3)
自己自覚力
他者察知力
感情語彙力
感情抑制力
感情創出力
感情分析力
感情推察力
感情共感力
感情統合力
感情秘匿力
感情表現力
一時静止力
あなたの平均値
今回の結果
初回の結果
理解
(7.3)
③
利用
(9.0)
EQ能力
指標名
評価値
識別
自己自覚力 8
他者察知力 8
感情語彙力 6
利用
感情抑制力 10
感情創出力 8
理解
感情分析力 7
感情推察力 7
感情共感力 8
調整
感情統合力 8
感情秘匿力 8
感情表現力 8
一時静止力 10
④
こころの状態 ⑤
元気度：67%
現在のあなたは、良好なこころの状態を保つことができています。ちょっとしたストレスを感じる出来事が起きても、そのストレスと向き合うことができるこころの状態といえるでしょう。

EQ理論の根幹をなしており、EQトレーニングはこの診断を元に始めます。

⑤こころの状態（元気度）は、今のあなたのこころの元気度を表し、現在のストレス状態を示しています。イラストは3段階で表示されます。「70％以上」の笑顔は、毎日の生活に充実感があり、こころのエネルギーが高い状態を示し、あなたはイキイキとした状態を保っています。「40％〜69％」の平静な表情は、ちょっとしたストレスを感じても、そのストレスと向き合うことができる良好な状態を保っています。「39％以下」の悲しい表情は、やる気が低下し、あなたは充実感が得られない毎日をおくっている、ということになります。

＊初回の診断結果を適宜保存するなどしておくことをおすすめします。

2　EQ能力の12指標

EQ4ブランチを12指標に分類

第2章で「EQ理論の4ブランチ」について説明しました。その内容は、EQは4ブランチに分かれ、1「感情の識別（自分と相手の感情を識別する）」、2「感情の利用（問題、課題を解決するために感情を生み出す)」、3「感情の理解（今起こっている感情の原因を理解しその変化を予測する)」、4「感情の調整（3つの能力を統合し、望ましい決定をするために感情を活用する)」という機能で構成されています。

そして4ブランチは12指標に分かれます。「感情の識別」は自己自覚力、他者察知力、感情語彙力という3指標に、「感情の利用」は感情抑制力、感情創出力という2指標に、「感情の理解」は感情分析力、感情推察力、感情共感力という3指標に、「感情の調整」は感情統合力、感情秘匿力、感情表現力、一時静止力という4指標に分かれます。

EQ4ブランチと12指標については図表4－4にまとめました。この4ブランチ12指標は、EQの理解とトレーニングを進めていく上でとても重要な概念なので、一つひとつの指標について詳しく説明したいと思います。

図表 4-4　4ブランチと 12 指標

EQ4ブランチ	説明	指標名	説明
感情の識別（気持ちを感じる）	自分と相手の感情を識別する	自己自覚力	自分の感情をありのままに感じ取り、自覚する力
		他者察知力	相手の感情を、表情や態度、しぐさなどから察知する力
		感情語彙力	感情を表す語彙を豊富に持ち、的確に言葉で表現する力
感情の利用（気持ちをつくる）	問題・課題を解決するために感情を生み出す	感情抑制力	目的に応じて、現在生じている強い感情を抑える力
		感情創出力	目的に応じて、その場にふさわしい感情を創り出す力
感情の理解（気持ちを考える）	今起こっている感情の原因を理解しその変化を予測する	感情分析力	今の感情が生じた原因を考え、分析する力
		感情推察力	自分や相手の感情がどのように変化するか、推察する力
		感情共感力	相手の気持ちや思いを相手の立場に立って理解する力
感情の調整（気持ちを活かす）	他の3能力を統合し、望ましい決定をするために感情を活用する	感情統合力	望ましい行動のために最終的にEQ能力を統合し活用する力
		感情秘匿力	必要に応じて、湧き起こる感情を周囲に悟られないようふるまう力
		感情表現力	目的に応じて、相手に自分の感情を伝えるために表現する力
		一時静止力	思考を働かせて最良の行動を選択するために、感情のまま行動せず、いったん立ち止まる力

A 感情の識別

A-1 自己自覚力

目指すのは、気持ちにフタをせず向き合える自分！

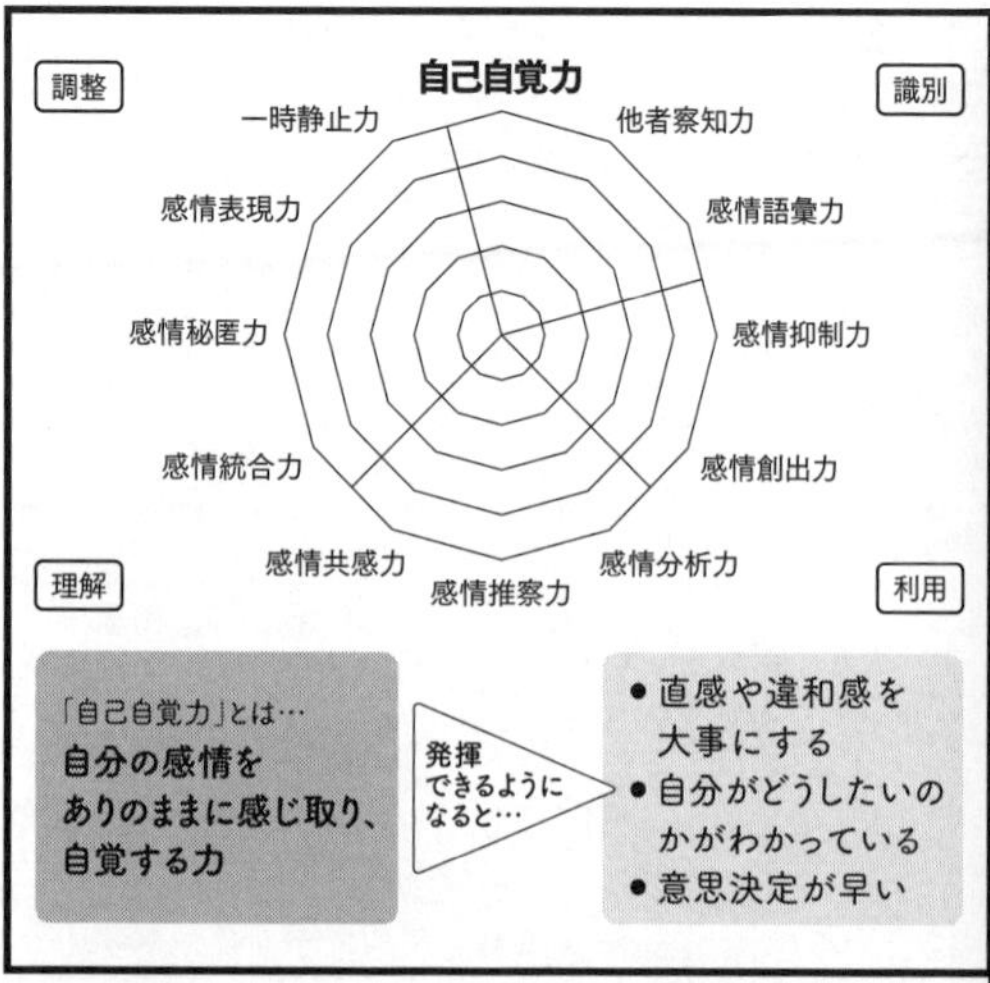

●直感や違和感を大事にする
●自分がどうしたいのかがわかっている

気持ちを上手に扱うためには、意識的に気持ちを感じ取る練習が必要です。

メンタル不調の予防でも、ネガティブな感情にフタをせず、モヤモヤした気持ちを自覚することで、思考（IQ）が働き、対処、予防が可能になります。

〝喜び〟や〝怒り〟など、わかりやすい感情から始めて、徐々に、どれぐらい嬉しいのか、どれぐらい怒っているのか、という気持ちの強さ（グラデーション）を意識するようにしてください。気持ちを上手に扱う準備が整います。

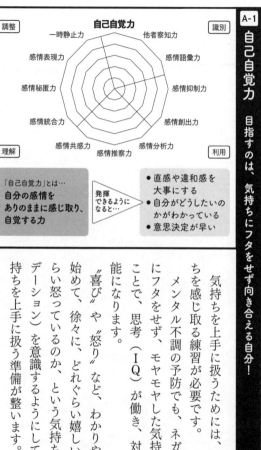

ハイスコア（5以上）	
結果から分かること	日頃より、自分の気持ちを意識的に感じ取ることができています 自分の気持ちを感じ取ることで、気持ちのマネジメントにつなげることができます
推測される行動の例	●なりたい自分を描くことができる ●自分の気持ちを大切にする ●意思決定が早い
ロースコア（4以下）	
結果から分かること	自分のこころの動きや内面にあまり興味や関心がなく、自分の気持ちを振り返ることが少ないようです。時々、状況に流される傾向があります
推測される行動の例	●自分に対する興味が薄い ●やりたいことが思い浮かばない ●いつも仕事と時間に追われている
EQ開発の考え方	「今の気持ち」を無意識ではなく意識的に感じ、その気持ちの動きや変化を自覚するようにしましょう
EQ開発のヒント	●一日3回、気持ちを色で表現してメモする ●「今日の小さな幸せ」をメモする ●一日の終わりに、今日感謝したことをメモする

A-2

他者察知力

目指すのは、空気が読める自分！

「他者察知力」とは…
相手の感情を、表情や態度、しぐさなどから察知する力

発揮できるようになると…

- 相手の目を見て話を聞くことができる
- 場の空気が読める
- 相手の表情の変化に敏感に気づく

人の気持ちは行動に表れます。表情やしぐさ、声のトーン、使っている言葉も、その一つです。表情やしぐさなどから相手の気持ちを察知するために、まずは〝相手に興味を持つ〟ことから始めましょう。

相手の目を見て、最後まで口を挟まずに相手の話に耳を傾けることを意識していると、相手が嬉しいときの表情やイライラしているときのしぐさ、言葉の選び方などから徐々に相手の気持ちを想像できるようになります。

相手の気持ちを察知する練習は、場の空気を読んだり、チーム全体のモチベーションを把握することにも共通し、気配り行動にもつながります。

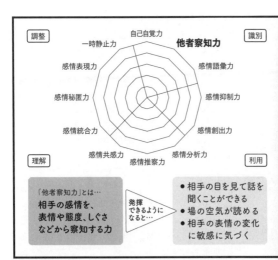

ハイスコア（5以上）	
結果から分かること	相手の感情に気を配り、言葉や表情、態度などから、相手の気持ちを察することができています 相手の気持ちを知ることで、気配り行動にもつなげることができます
推測される行動の例	●相手の変化を敏感に感じ取ることができる ●気が利く人という印象を与える ●場の空気を読むことができる
ロースコア（4以下）	
結果から分かること	相手の気持ちに興味がなく、場違いな言動をしたり、自己中心的な考え方をする傾向があります
推測される行動の例	●場違いな言動をとる ●人から鈍感だと言われる ●人への興味が薄い
EQ開発の考え方	相手の表情や身振り、態度から相手の気持ちを察知し、その変化に注目することで察知力はさらに向上します
EQ開発のヒント	●人間ウオッチングをしながらその人たちの気持ちを想像する ●身近な人の表情やしぐさを観察し、特徴をメモする ●目を見ることを意識しながら相手の話を聴く

A-3

感情語彙力

目指すのは、気持ち伝え上手な自分！

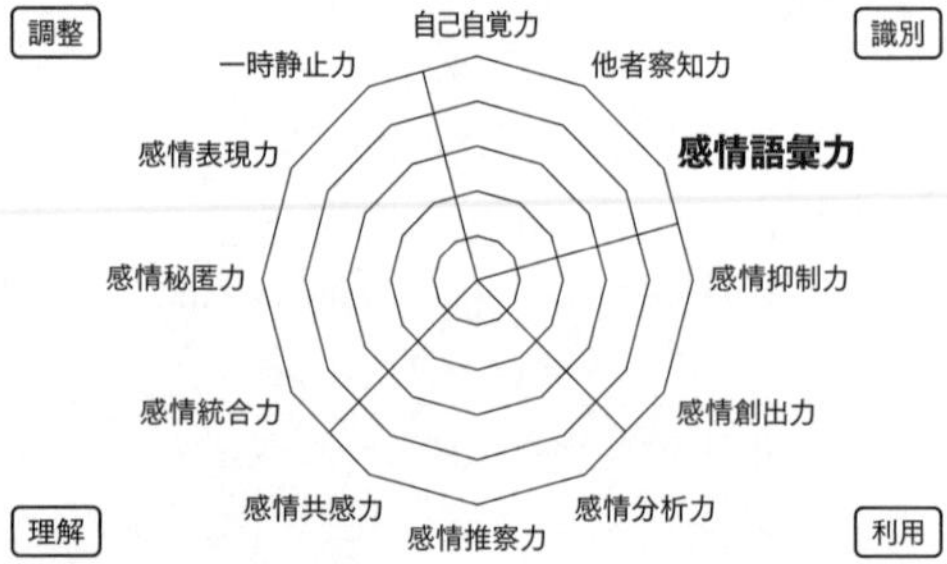

「感情語彙力」とは…
感情を表す語彙を豊富に持ち、的確に言葉で表現する力

発揮できるようになると…

- ヒステリーを起こすことが少ない
- 気持ちを的確に感じとることができる
- 自分の気持ちを言葉でうまく表現できる

自分の気持ちを的確な言葉で説明できると、相手に気持ちが伝わりやすくなります。

自分の気持ちにぴったりな言葉を探すには、日頃から感情に関する語彙を増やしておくことが必要です。ドラマや小説、歌詞などに使われている〝感情を表す言葉〟に注目し、メモすることをお勧めします。

日常会話で使われる感情表現の言葉は、「嬉しい」・「楽しい」・「ムカつく」・「キレる」など、代表的ないくつかのワードに集約されがちですが、メモした言葉を、少しずつ日常会話にも取り入れることで、「感情語彙力」は高まります。

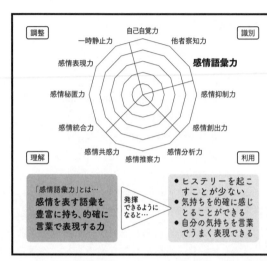

ハイスコア（5以上）	
結果から分かること	自分の気持ちを感じ取り、言葉で整理し、相手に伝えることができているため、自分の気持ちを表現することに長けています
推測される行動の例	●自分の気持ちを的確な言葉で感じとれる ●自分の気持ちを的確な言葉で表現できる ●自分の気持ちをうまく整理できる
ロースコア（4以下）	
結果から分かること	気持ちを表現するボキャブラリーが少なく、自分の気持ちを的確な言葉で言い表すことができません。ヒステリーを起こしやすくなります
推測される行動の例	●気持ちがうまく伝えられない ●自分の気持ちがうまく整理できない ●気持ちを表す適切な言葉が思いつかない
EQ開発の考え方	気持ちを感じると同時に、その気持ちを言葉で認識し、その気持ちを言葉で伝えます。気持ちを言葉にできなければ、それは感じていないのと同じです
EQ開発のヒント	●気持ちを表す言葉を書き出し、別の言葉に言い換えてみる ●テレビや小説、歌詞などから気持ちを表す言葉をメモする ●今の気持ちを「〇〇のような気持ち」と表現し、メモする

B 感情の利用

B-1 感情抑制力

目指すのは、すぐに落ち着きを取り戻せる自分！

「感情抑制力」とは…
目的に応じて、現在生じている強い感情を抑える力

発揮できるようになると…

- 激しい怒りが湧いてもすぐに冷静になれる
- 穏やかな人だという印象を持たれることが多い
- 感情のまま行動して周囲を振り回すことがない

感情を自覚したうえで、強い怒りが湧いたり動揺したりすることは、悪いことではありません。しかし、突然キレる、冷静さを欠く、慢心するといった状態は、気持ちのコントロールを失っていると言えます。

このような気持ちの状態を「情動（感情）のハイジャック」といい、本能のまま乱暴な言葉を吐いてしまったり、突発的な行動を起こしてしまうことがあります。

深呼吸をするなど、意識的に精神的な安定感を保つ練習をしてみましょう。

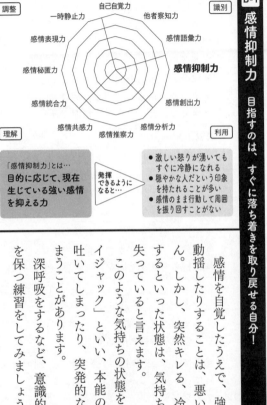

ハイスコア（5以上）	
結果から分かること	目的に応じて、湧き起こった強い怒りや不安、気持ちの高まりを抑えて気持ちを調整することができています 動揺してしまう場面でも、気持ちを平静に保つことができます
推測される行動の例	●気持ちの動揺を表に出さない ●穏やかな人だという印象を持たれる ●感情のまま行動して周囲を振り回すことがない
ロースコア（4以下）	
結果から分かること	自分の感情をストレートに表に出すことが多い 相手に対する怒りや嫌悪がすぐに顔や態度に表れてしまい、周囲にもすぐにそれと気づかれてしまいます
推測される行動の例	●怒りを物にぶつけてしまう ●興奮を抑えることが苦手 ●感情の起伏が激しくキレやすい
EQ開発の考え方	一つの「キレる」ですべてを失うことがあります。感情に支配されないよう、感情をうまくコントロールしましょう
EQ開発のヒント	●1時間に1度、深呼吸をする ●ゆっくり話すことを意識する ●イラっとしたり動揺したら、目を閉じて、こころの中で10数える

B-2

感情創出力

目指すのは、気持ち切り替え上手な自分！

「感情創出力」とは…
目的に応じて、その場にふさわしい感情を創り出す力

発揮できるようになると…

- 失敗からの立ち直りが早い
- 新しいことへの取り掛かりが早い
- 集中力が長く続く

必要なときに、必要な気持ちを創り出すために、「感情スイッチ」をつくりましょう。

スイッチオンで前向きな気持ちをつくり、スイッチオフでリラックス、冷静な気持ちに切り換えるのです。そのスイッチを意識的に使い、気持ちの変化を感じてください。「明るく元気」だけではなく、ネガティブな気持ちも大切です。たとえば「不安」は、数字を扱う仕事や資料の誤字脱字チェックなど、周到に準備を進めるのに有用な気持ちです。

自分だけの「感情スイッチ」を見つけて、実際に使ってみましょう。

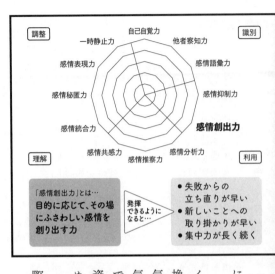

ハイスコア（5以上）	
結果から分かること	目的に応じて、ふさわしい気持ちを創り出すことができています。気持ちの切り替えが上手で、次の仕事へも早く取り掛かることができます
推測される行動の例	●失敗を引きずらない ●新しいことへの取り掛かりが早い ●変化することを恐れない
ロースコア（4以下）	
結果から分かること	過去の失敗や過ちをいつまでもクヨクヨ考えてしまう。小さなミスでも自己嫌悪や自己非難を感じてしまい、疲労感を感じる傾向があります
推測される行動の例	●失敗をクヨクヨ悩む ●元気がない印象を与える ●新しい物事への取り組みが苦手
EQ開発の考え方	その場に相応しい感情を創り出すために、オンオフ自由自在に使える「感情スイッチ」をつくりましょう
EQ開発のヒント	●空を見上げる ●鏡を見て思い切り笑顔をつくる ●朝起きたら、大きな声で「今日はツイてる！」と叫ぶ

C 感情の理解

C-1 感情分析力

目指すのは、気持ちのモヤモヤを放置しない自分!

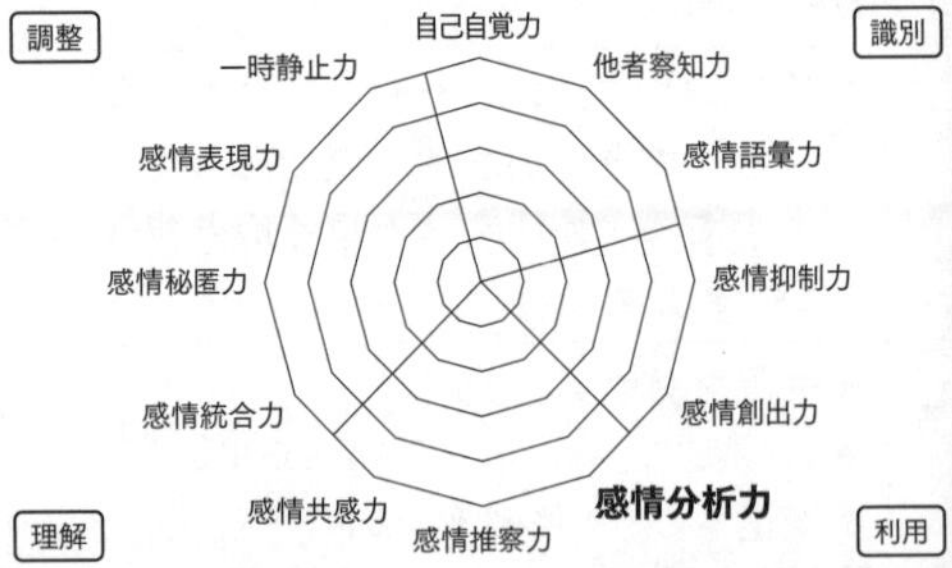

「感情分析力」とは…
今の感情が生じた原因を考え、分析する力

発揮できるようになると…

- 漠然とした気持ちのモヤモヤを抱えたままにしない
- ストレス対処が上手
- 対人面において同じ失敗を繰り返すことが少ない

起こっている感情を分析するために、「なぜ、このような気持ちになったのか」を分析してみましょう。

たとえば「今日は会社に行きたくない」という気持ちの原因には、満員電車が嫌い、体調が悪い、プレゼンする自信がない、苦手な人との打ち合わせがあるなど、複数の理由が考えられます。

理由によって解決法が異なります。そのため、気持ちの原因を分析し正しく捉えることは、同じ失敗を繰り返さないためにもとても重要なことです。

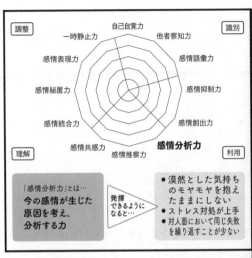

ハイスコア（5以上）	
結果から分かること	湧き起こる感情の原因が分かるため、的確な解決策を考えることができるでしょう。また、どのようなときにどのような気持ちになるのかが分かり、同じ失敗を繰り返すことが少なくなります
推測される行動の例	●相手の気持ちの分析が得意である ●的確な解決策を考えている ●同じ失敗を繰り返さない
ロースコア（4以下）	
結果から分かること	気持ちの原因となっている出来事を振り返ることが少ないため、事前にこころの準備をすることができず、同じ失敗を繰り返してしまいます。相手の気持ちの原因に注目しないため、悩み事を相談されても根本的な解決をしてあげることができません
推測される行動の例	●同じ失敗を繰り返す ●慎重さに欠ける ●クレーム処理が苦手
EQ開発の考え方	湧き起こった感情には原因があります。日々の感情を感じ、その原因を分析することで同じ失敗を繰り返すことを防ぎます
EQ開発のヒント	●あらかじめ時間を決めて、その時の気持ちの原因を書き出す ●一日の終わりに、今日一番強く湧き起こった気持ちと原因を書き出す ●一日の終わりに、今日感じた不安（怒り）を、どうすればよかったのかを書き出す

C-2

感情推察力

目指すのは、こころの準備ができる自分!

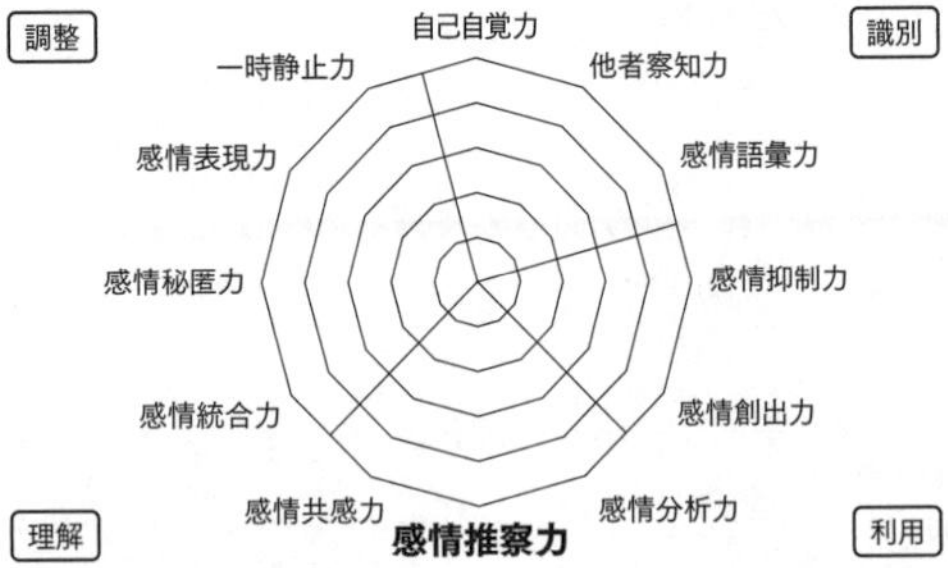

「感情推察力」とは…
自分や相手の感情がどのように変化するか、推察する力

発揮できるようになると…

- 自分が言われて嬉しい一言を知っている
- 相手を元気づける言葉が分かる
- 気持ちの準備をすることができる

次の予定や話す相手、内容により、自分がどのような気持ちになるかをあらかじめ想像することができれば、次の変化の予測をすることができます。

過去の経験を思い出し、きっとこんな気持ちになるだろうと想像してみましょう。また、相手の気持ちの変化を想像するには、相手が言われると嬉しいこと、イラっとすること、こだわりやモチベーションなど、相手の気持ちの癖を知ることも大切です。

相手の気持ちに先回りして行動することは、ホスピタリティーの発揮においても欠かせない能力です。

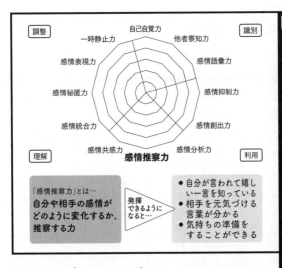

ハイスコア（5以上）	
結果から分かること	自分や相手の感情の癖を捉えることができています。出来事に対して、どのような気持ちの変化が起こり、どのように事が運ぶのかを推察することができます
推測される行動の例	●「人の気持ちが分かる」と言われる ●次の変化を予測するので、先が読める ●相手が望むことを先回りできる
ロースコア（4以下）	
結果から分かること	これから過ごす一日を想像して、そのときの気持ちを予測することができないため、こころの準備ができません。また、相手の気持ちがどのように変化するかを推察することができず、不意に相手を嫌な気持ちにさせてしまう可能性もあります
推測される行動の例	●約束の時間に遅れる ●空気が読めない言動をする ●気が利かない
EQ開発の考え方	感情は変化します。今の感情が「どのように変化するか」を予測することで、相手の望む気持ちに応えることができます
EQ開発のヒント	●毎朝、一日のスケジュールを確認して気持ちの変化を想像する ●一日の終わりに、明日の朝はどのような気持ちかを想像する ●メールを送るとき、受信者がどのような気持ちで読むかを想像する

C-3

感情共感力

目指すのは、「こころの距離」の近づけ上手な自分！

「感情共感力」とは…

相手の気持ちや思いを相手の立場に立って理解する力

発揮できるようになると…

- 相談ごとを打ち明けられることが多い
- 相手の話をゆっくりと最後まで聴くことができる
- 信頼関係を築くのが上手

共感力とは、「どれだけ自分が相手と同じ気持ちになれるか」ではなく、相手が「この人は分かってくれている」と感じられる行動が取れるかです。

共感に欠かせない行動は、傾聴です。難しく考えず、「そうだよねー、それ分かる」と、途中で口を挟まずに聞き役に徹することから始めてください。

共感は、相手とのこころの距離をぐっと近づけ、信頼関係に必須です。また、自分が共感してもらえていると感じる相手を観察し、表情や姿勢、相槌などを真似してみることもお勧めです。

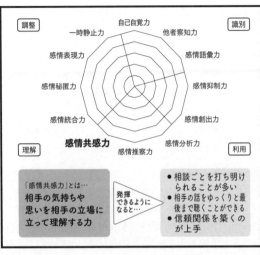

ハイスコア（5以上）	
結果から分かること	相手の気持ちに寄り添うことができるため、信頼関係をうまく築くことができます
推測される行動の例	●最後まで話が聴ける「聞き上手」 ●よく相談をされる ●相手の問題解決を一緒になって考える
ロースコア（4以下）	
結果から分かること	相手の感じている気持ちや思いを相手の立場に立って理解しようとすることが少ないようです。自分の考えや思いを伝えることが優先して、相手の話を最後まで聞かない傾向があります
推測される行動の例	●おしゃべりと言われる ●話を途中で遮って話す ●クレーム処理が苦手
EQ開発の考え方	人の話は最後まで聴き、ときには言いたいことも我慢しましょう
EQ開発のヒント	●相手の話に途中で口を挟まず、相槌を打ちながら最後まで聴く ●1週間に1回「聴く日」をつくる ●「ありがとう」と感謝の気持ちを伝える

D 感情の調整

D-1 感情統合力　目指すのは、自分も相手も尊重できる自分！

調整
識別
理解
利用
自己自覚力
他者察知力
感情語彙力
感情抑制力
感情創出力
感情分析力
感情推察力
感情共感力
感情統合力
感情秘匿力
感情表現力
一時静止力
「感情統合力」とは…
望ましい行動のために最終的にEQ能力を統合し活用する力
発揮できるようになると…
● 自分の考えに固執せず最善の手段を選択することができる
● 物事を多角的に捉えることができる
● 臨機応変な行動を取ることができる

感情統合力が高い人は、感情と思考をうまく統合させることができます。相手（周囲）の気持ちや意見も柔軟に受け容れ、気持ちの折り合いを付けながら、最善の行動を選択します。

気持ちの変化に合わせて臨機応変に対応することができるので、期待される結果にむすびつく行動ができています。

目的を達成するまでのモチベーションの維持にも貢献するので、チームビルディングや部下マネジメントにおいては、欠かせない能力です。

ハイスコア（5以上）	
結果から分かること	行動を決定する最終場面でのEQ能力の発揮です。期待される結果に結びつく行動ができています
推測される行動の例	●結果に結びつく行動をとることができる ●バランスが良い印象を与える ●人付き合いが上手な印象を与える
ロースコア（4以下）	
結果から分かること	必要な場面で、目的のために相応しい行動を取ることができず、後悔することがあります
推測される行動の例	●周囲と行動がズレることがある ●最後の詰めが甘くて失敗をする ●いつのまにか人と違うことをしている
EQ開発の考え方	今取ろうとしている行動は今の場面に相応しいかを確認するようにしましょう
EQ開発のヒント	●今日のラッキーカラーを服装や小物に取り入れる ●「それはいい考えですね」と相手の意見を肯定する ●自分の意見より先に「○○さんはどうしたい？」と聞く

D-2
感情秘匿力
目指すのは、演技上手な自分！

「感情秘匿力」とは…
必要に応じて、湧き起こる感情を周囲に悟られないようふるまう力

発揮できるようになると…

- 楽しくなくても、楽しんでいるようにふるまうことができる
- ポーカーフェイスが上手
- 不安を感じていても堂々とふるまうことができる

やる気がなくても姿勢を正す、イライラしているのに笑顔を保つ、嬉しくて仕方がないのに真顔をキープする、といったような、気持ちとイコールではない行動が、目的を達成するために必要とされるシーンは日常に溢れています。

感情のまま表情や態度、言葉に表さないことが、相手や周囲への配慮につながることもあります。また、「感情秘匿力」の発揮は、相手や周囲のためだけでなく、交渉事や勝負事においても有効な能力です。

その場の雰囲気に飲み込まれず、冷静な判断を助けることにも役立ちます。まずは鏡を見て、表情の練習から始めてみましょう。

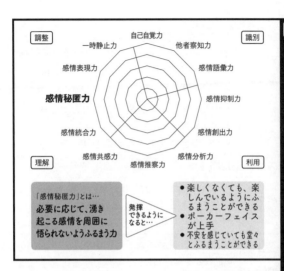

ハイスコア（5以上）	
結果から分かること	必要に応じて、自分の気持ちを周囲に悟られないようにふるまうことができます
推測される行動の例	●必要に応じて感情を上手に隠すことができる ●どんなときでも平静を装える ●心理戦に強い
ロースコア（4以下）	
結果から分かること	その場に相応しくない感情も、表情やしぐさに出てしまいます。周囲からは分かりやすい人だという印象を持たれるが、ネガティブな感情もありのままに表現するため、周囲に気を遣わせてしまう場合もあります
推測される行動の例	●動揺が表情や態度に出てしまう ●上手に嘘がつけない ●良くも悪くも「感情的な人」と言われる
EQ開発の考え方	感情が動く（怒りや悲しみ、喜びや動揺など）場面でも周囲に見破られることなく、ポーカーフェイスでいることも重要です
EQ開発のヒント	●鏡を見て30秒間笑顔をキープする ●視線を固定することを意識して相手と話す ●いつもより声のトーンを下げることを意識して話す

D-3 感情表現力

目指すのは、オープンハートな自分！

「感情表現力」とは…
目的に応じて、相手に自分の感情を伝えるために表現する力

発揮できるようになると…

- 表情豊か
- 自分の気持ち（喜怒哀楽）を素直に表現できる
- 周囲に気さくな印象を与える

感情表現力とは事実や意見を伝えるのではなく、嬉しい、楽しい、幸せ、という気持ちを伝える力のことです。

気持ちを伝えるには気持ちを表現する言葉の他にも、表情や身振り手振りなどのノンバーバル言語があります。

眉間にしわを寄せる・口角を下げる・腕組みをするなどは、相手とのこころの距離を遠ざけますが、口角を上げる・相手に体を向けるなどは、相手とのこころの距離を近づけ、相手が本音を話しやすくなります。

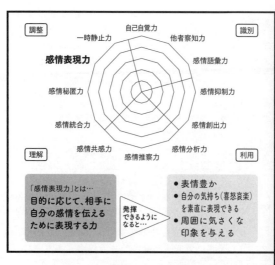

ハイスコア（5以上）	
結果から分かること	自分自身の気持ちを言葉や表情、態度などで相手に伝えることができています。自分の気持ちをオープンにすることで、相手もこころを開きやすくなり、関係構築が早くできます
推測される行動の例	●おしゃべり好きな印象を与える ●身振り手振りが多く、表情が豊かである ●思ったことを素直に口にする
ロースコア（4以下）	
結果から分かること	身体的な表現（しぐさ・表情・視線など）を使うことが少なく、嬉しくても悲しくてもあまり表情に出しません。相手に気持ちが伝わりづらく、誤解を招いてしまうこともあります
推測される行動の例	●何を考えているのかわからないと言われる ●気持ちが伝わりにくい ●誤解されやすい
EQ開発の考え方	言葉だけでなく、表情や身振り手振りを交えながら伝えることで、相手のこころを動かすことがあります
EQ開発のヒント	●朝、1分間、目の体操をする ●朝、「いー」と言いながら、5秒間口角を上げる ●朝、大きな声で思い切りバンザイする

D-4 一時静止力

目指すのは、行動を起こす前に立ち止まれる自分！

「一時静止力」とは…
思考を働かせて最良の行動を選択するために、感情のまま行動せず一旦立ち止まる力

発揮できるようになると…

- 怒ったときでも相手に伝わりやすい言葉を選ぶことができる
- 慎重に行動を起こすことが多い
- 後から後悔するような言動が少ない

行動する前に、「ちょっと待てよ？　この行動をしたら、どのような結果になるかな？」と一呼吸置いて想像してみることで、「何か別の方法はないか？」という思考が働き、行動の選択の幅が広がります。

感情は行動に影響を与えるため、行動を止めると感情も一時静止することができます。「一時静止力」が発揮できると、「ちょっと待てよ」と立ち止まることができるので、衝動的に強い怒りが湧いたときでも理性的な行動を選択することができます。

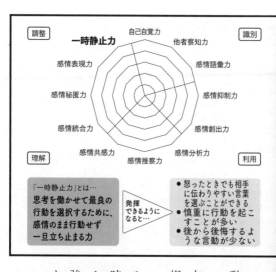

ハイスコア（5以上）	
結果から分かること	強い気持ちが湧き起こったときも、「ん？ちょっと待てよ？」といったん立ち止まり、思考を働かせることができています。感情のまま行動して失敗することが少なくなります
推測される行動の例	●結果を省みず行動に移してしまうことがない ●感情的な行動をしない ●理性的な印象を与える
ロースコア（4以下）	
結果から分かること	衝動的な行動や、感情的な発言で失敗することがあります。周囲には、計画性に欠ける印象を与えます
推測される行動の例	●気持ちだけが先走り失敗する ●思ったことを衝動的に口にしてしまう ●感情がすぐ態度に出る
EQ開発の考え方	感情的な一言で信頼を失うことがあります。行動する前に一瞬だけ「感情の調整」時間をつくることが大切です
EQ開発のヒント	●立ち去る場所を振り返り、その場を見渡す ●行動をする前に「ちょっと待てよ」と自分につぶやく ●イラっとしたら、目をつぶり深呼吸をする

EQ能力開発シートの使い方

2カ月間のEQトレーニングのために「EQ能力開発シート」を巻末に用意しています。記入例を参考にしていただければ、簡単に作成できます。

まず自分が開発したいEQ指標を次の3つの方法で選んでください。

- 最もスコアが低い指標
- 仕事で必要と思われる指標
- 興味のある（気になる）指標

ポイントは3つです。

①開発したい理由。2カ月後のなりたい自分を書いてください
②期間を決める。行動心理学に基づいた2カ月
③応援者をつくる。何があっても応援してくれる人に2カ月間伴走してもらいましょう

特に③の応援者は、トレーニング継続の大きな鍵となります。孤独なランナーは遠くまで走れません。だからスポーツではコーチやインストラクターが指導します。EQトレーニングでも励ましが必要です。職場の仲間や上司、そして家族などにEQトレーニング宣言をしてください。そして「やり遂げるために応援してね」とお願いしてみましょう。

低いEQ指標を自覚→高める→変化を確認する

2カ月後の再受検が可能です。一回目と二回目を比較しご自身の開発結果を読み、その変化を確認してください。

あまり変化が見られない場合は、行動計画を見直しましょう。もっと簡単でやってて楽しいと思えるトレーニングに変更されることをお勧めします。トレーニングは楽しくないと長続きしません。

EQトレーニングは「自転車に乗る練習」

最初から楽しいトレーニングはほとんどありません。ジムで体を鍛えても、最初はきついしおもしろくありません。楽しくなるのは筋肉がついてきて体型が変わり始めてからです。

EQトレーニングでも「難しい」「長続きしない」「忙しくてそれどころじゃない」「中だるみして、いつの間にか忘れ、気がついたら2カ月経過……」というような話をEQ開発に取り組んだ方からよく聞きます。失敗しても、三日坊主でも、途中で飽きても、あきらめても大丈夫です。

なぜならEQ開発は「自転車に乗る練習」のようなもの、最初から自転車に乗れる人はいません。誰でも最初は転ぶし、誰かの助けがないと練習もできません。いったんあきらめても、EQ開発を意識し続ければ、自転車と同じでいつか必ず乗れるようになるし、EQも開発されます。

いつしか「あれ！　これってEQ？」の瞬間が訪れます。そして一度身についたら、自転車と同じようにいつでもどこでもEQが使えるようになります。

失敗を恐れず、トライし続ける

EQ開発のコツは、①楽しくやる、②難しければ変える、③飽きたら変えるの3つです。行動心理学では「2カ月間行動を変えるとその行動が自動化できる」とされています。しかし、難しいと感じたり、途中で飽きたりすることがあります。そんなときは無理をしないで、トレーニング内容を見直しましょう。途中でやめてもいいですが、EQ開発の意識は持ち続けてください。そして、その意識が行動に変わったらまた、EQ開発に取り組んでみましょう。

EQトレーニングを支える「トライ&エラー」

行動すれば失敗することもあります。でもそれはトライした証です。エラーした自分を叱るのではなく、トライした自分を誉めてあげてください。

わたしは大学まで野球をしていました。取れそうにないなと思っても、その白球に横っ飛びで飛びつく大切さを体が覚えています。「無理かな?」と思っても、飛び込めば白球との距離を知ることができます。そしてエラーが次に生きてくるのです。

飛び込んだ光景は鮮明で、「あと10センチ」、いや「20センチで取れる!」。その光景が記憶に刻まれ、次の守備位置を10センチ変え、20センチ変え、その次に飛び込んだときには捕球できる可能性が出てきます。失敗の数だけEQはさらに高いレベルで開発されます。

第5章

さらに鍛えたい人へ
——髙山スペシャル

これまでEQ能力の12指標を説明し、EQ診断結果に基づいて12指標開発のEQトレーニングをご紹介してきました。ここからはEQ能力（4ブランチ）を総合的に開発するEQトレーニングをご紹介したいと思います。

12指標開発はなりたい自分になるためのEQトレーニングでしたが、これからご紹介するEQトレーニングは、EQ理論で提唱された4ブランチ、「識別」、「利用」、「理解」、「調整」を総合的に高めることができます。

いつでも、どこでもすぐに始められ、効果が実感しやすいトレーニングです。明日からと言わず、今日からトライしてみましょう。

1 感情日記編

「感情MAP」

まず①感情日記編です。日記はEQ開発の最高のツールです。「日記」というと、小学生のときに取り組んだのに三日坊主で続けられなかった過去を持ち、嫌がる人もいますが、ご安心ください。いつでもどこでも簡単にできる「感情MAP」をご紹介します。わたしは便

図表5-1　感情MAP

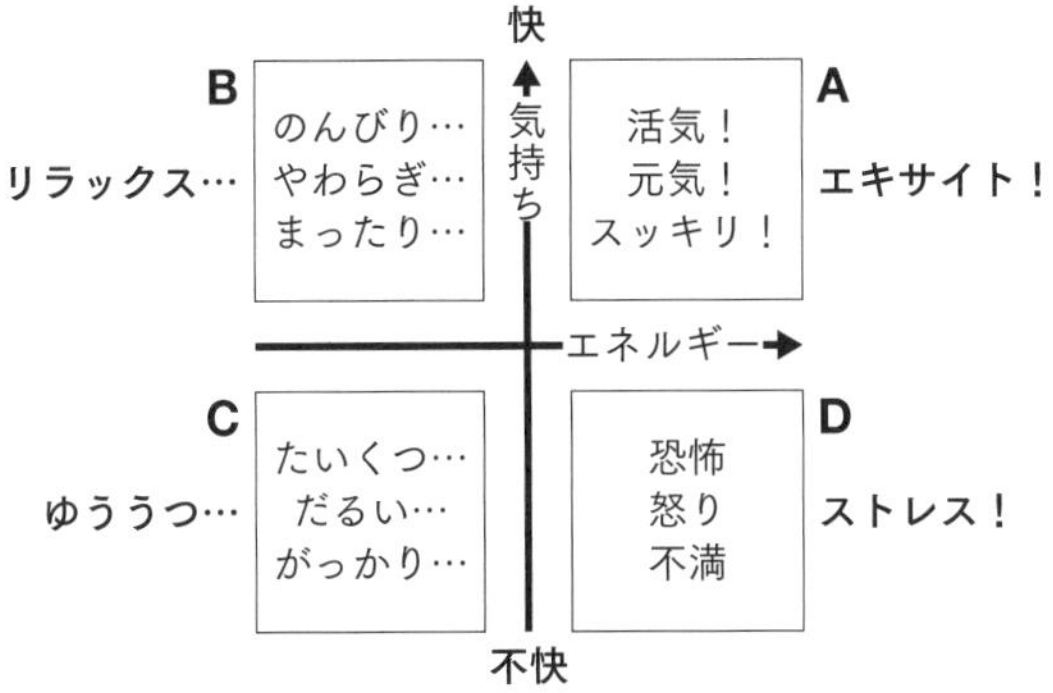

宜上「日記」という言葉を使っていますが、皆さんがお持ちの手帳を使ってもかまいませんし、スマホのカレンダーに書き込んでもオーケーです。

感情の種類については多くの学者が分類しています。特に有名なのは6大感情（怒り、嫌悪、恐れ、喜び、悲しみ、驚き）です。ポール・エクマンは感情と表情に関する研究で有名なアメリカの心理学者で、6大感情の表情が人類に普遍的であることを明らかにしました。日本語では「喜怒哀楽」という言葉がよく使われます。

しかし自分の感情を正しく認識するのはなかなか難しいことなので、わたしはもっと簡略化した表を使っています。

「感情MAP」は1日の終わりに「今日一日をどういう気持ちで過ごしたか」を振り返るものです。縦軸が気持ち、横軸がエネルギーの4象限があり、1日が「Aエキサイト!」「Bリラックス…」「Cゆううつ…」「Dストレス!」のどれなのかを選んで記入するだけです（図表5−1）。

今日の気持ちをメモするだけです。


感情MAPで1週間の感情サイクルが分かる

感情MAPをつけると、1週間の感情サイクルが見えてきます。

たとえば、週初めはDの感情が強く、イライラして、怒りと不満を抱いて一週間が始まり、週の半ばが過ぎてBの感情に移行します。エネルギーは低いのですが週末を前にして気分は良くなります。心地良さが増し、のんびり、まったりしたリラックス気分になります。週末はエネルギーも気分も最高で、前向きなAの感情になり、活気があふれ、元気に満ちた週末をおくっていたりします。

しかし、週末が過ぎて、日曜日が暮れ月曜日が近づいてきます。そうなると憂鬱なCの感情に移行し、だるい、がっかり。会社に行かなくちゃあ……。

つまり、

- 週始めはいやいやながらのストレス感情で開始

図表5-2　感情MAP表

一日を振り返って、あなたの気持ちが最も強く動いた瞬間を下記の表にプロットしてみましょう。（一週間：㊊㊋㊌㊍㊎㊏㊐を下記の表にプロットする）

・1週目

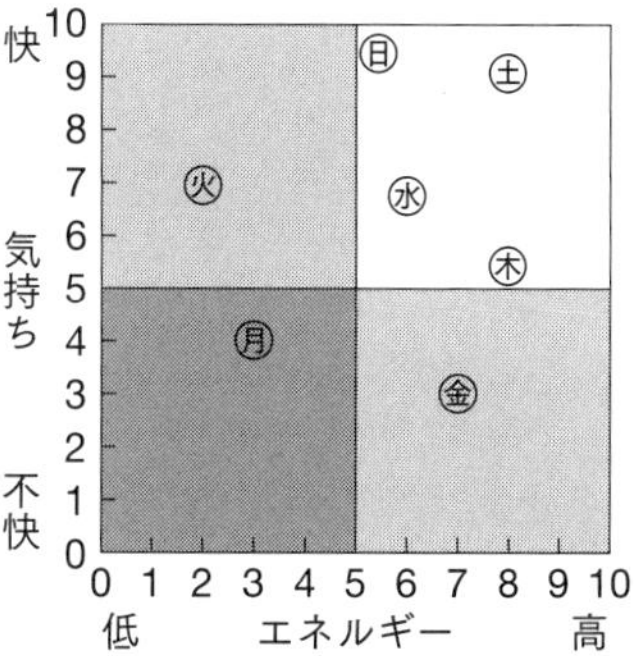

●週半ばはストレスに順応してリラックス感情に移行

●週末はうれしくて、楽しい気分満開

●週末が終わる日曜日の夜からは、エネルギーダウン。気分が低迷し、だるい、ゆううつ…

感情MAPを続けると、一週間の感情の動きがひと目でわかります。これを2カ月続けると、あまりに同じことの繰り返しに、これでいいの？……という気持ちが起こってきます。感情MAPが変化の卵となり、あなたが変わりたいと思うきっかけをつくってくれます（図表5―2）。

感情MAPを2カ月続けると、「変えたい」という気持ちが生まれる

感情MAPは同じような感情サイクルに支配されていることを気づかせてくれます。毎日の終わりの時間に感情MAPをつけてください。つけてみると、週初めのストレスの原因が何かについて考えるようになります。週半ばに安らぐ理由も分かるようになります。まさに「感じると考える」の作用が働きはじめます。

感情MAPを4週間つけると、同じ感情サイクルを繰り返している自分に気づき、続けてさらに4週間の計8週間、2カ月続けるとあなたの気持ちに変化が起こります。「このパターンを繰り返していいのか」、「このままだと同じパターンを繰り返して一生が終わる」、「もう少し有益な生き方はないのか」と考えるようになります。

そして自分を変えたくなります。この「変えたい」という気持ちが生まれることで、EQ開発が始まります。

今の気持ちは？——自分の感情を1日3回感じる

EQ理論提唱者のピーター・サロベイ博士とジョン・メイヤー博士と話していると「How do you feel now?」と何度も質問してきます。

今でこそわかりますが、今の気持ちを感じることがEQ発揮のスタートです。EQは感情をうまく使う能力ですが、気持ちを感じないとEQが機能しないため、開発もできません。

やり方は簡単です。一日3回（朝・昼・夜）「自分は今どんな気持ちなのか」を自分に問いかけるだけです。

自分に問いかけるのが難しい場合は、隣の人に聞いてもらってもいいでしょう。そして、隣の人にも「今の気持ちは？」と聞いてみてはいかがですか。お互いに聞き合うことができれば、お互いが協力者となってEQ開発は継続されていきます。

大事なことは、感情MAPと同じく、2カ月くらい続けることです。そうすることで自分の感情を素早く的確に把握することができるようになります。また自分の感情を見つめることが習慣化されると、さらにEQ開発はすすみます。

今日の「得したなー」を書きだす

EQには感情と思考を統合する働きがあります。よく「ものは考えよう」と言いますが、これは「一見するとマイナスに見えることも異なる見方をするとプラスに考えられる」という意味です。

ある大学で講義をしていたときのことです。学生に「最近、何か得したことはある?」ときいたら「特にありません」と即答されました。「じゃあ何か損したことある?」と尋ねると、昼のカレーの話が出てきました。「今日、友だちとビーフカレーを食べたんですけど、わたしのカレーだけ肉が入っていなかったのでめっちゃ損しました」。

わたしは即座に「ダイエットになってよかったね」と言ったところ、一瞬きょとんとした後に「えー! 嬉しぃ〜」と彼女は笑い出しました。わたしたちは毎日得も損もしています。それを見つけ感じることでEQが開発され「こころの感度」が上がります。得は前向きなエネルギーとなり、損は捉え方を変えることで得に変わります。どちらにも光と影があり、その捉え方が身につけばEQ開発を通して自身の成長にもつながると思います。

喜怒哀楽を入れた「1行日記」を書く

人の気持ちや感情は、怒りであっても喜びであっても長く続くことはありません。つねに揺らいだり強弱を繰り返しながら、多彩に変化するのが喜怒哀楽の感情です。

個人差はありますが、一日のうちでも、嬉しくて楽しい気持ちになったり、何かに不安を感じたり、ちょっとした出来事でやる気になったり、あるいはムッとしたり、ちょっとしたことで感情は微妙に変化します。その変化は素早いので、放置すると変化を自覚できません。変化を自覚して学ぶためにわたしがお勧めするのが「1行日記」です。

毎日の終わりにその日の感情を1行で書き止めてください。感情MAPとペアで習慣にするとさらに効果があります。

詳しい出来事を書く必要はありません。仕事なら「会議、落ち込んだ」や「課長が妙に優しくて、嬉しかった」のような簡単な記述から始めてください。天気でもかまいません。「青空、気分爽快」「雨、しっとり気分」のようなひと言でも、後から読み返すとそのときの状況が甦ります。

感情は記憶を強化します。感情を書き留めることでその日の状況が、甦ってきます。いいことも悪いこともありますが、日々を感じることで、いろいろなことを考え、それを学びとして今の自分があることに気づきます。その繰り返しがあなたの成長する契機になります。

感情の因果関係を理解する

毎日感情MAPをつけ、1日3回「今の気持ちは？」と問いかけ、1行日記を書いていくと、次第に自分の感情に注目をするようになり、その結果、自分の気持ちが把握できるようになります。

感情を把握できるようになったら、徐々に日記の内容を詳しく書いてみましょう。起こった順番に沿って時系列的に自分の気持ちを記録し、感情の起伏を確認していくと、「なぜ、自分はこのような気持ちになったのか」がわかってきます。自分の気持ちや感情が「どのような外的要因や状況によって、どのように変化するのか」を知ることは、EQの発揮を促し、総合的にEQ開発を実現します。

自分の気持ちを知ることは他人の気持ちを知ることにつながります。どのような原因や対応によって自分の気持ちが鼓舞されたり、あるいは逆にやる気を喪失してしまったりするのかの因果関係をよく理解すれば、人間関係においても相手の気持ちを読み取り、共感することにつながります。

誰かと会話をしていて、あなたは少し腹を立てたとします。自分の感情を把握する段階に達していれば、冷静になって自分を省みることができます。

相手の何が自分を怒りへと動かしたのか？　言葉？　態度？　言い方？　表情？　それとも自分の期待と何かが違ったから？

あるいは逆にとても楽しい気持ちになったとしたら、いったい何が自分の気持ちを高揚させているのでしょうか？　こういうふうに自分の感情と相対することができるようになっていれば、あなたのEQ開発は前進しています。

2 言葉編

遮断語はコミュニケーションを断ち切る

コミュニケーションでもっとも大切なことは、相手を認め、その言葉を尊重することです。あなたの近くに「でも」「だって」「じゃなくて」を連発している人はいませんか。これがわたしの言う遮断語です。それに輪をかけて「言っている意味がわからない」「何が言いたいの？」「手短にね」。究極が「は？」です。

ここまでくるとパワハラと言われても仕方ありません。

次のような言葉もよく使われます。

「そうじゃなくてさ、○○でしょ」「というより、○○じゃないの」「それは違うな」「いや、そんなはずはないよ」「そんなことは聞いてないね」「意味不明だね」「だ〜か〜ら〜……」。

こういう遮断語一つでコミュニケーションは断ち切られ、信頼関係も揺らぐどころか終わりをむかえることになります。

誉める、励ます――積極的な言葉の効用

わたしは聞き上手になるために「うんそう屋」になることをお勧めしています。相手の話に「うん」と「そう」で相槌を打っていると、話は遮られることなく進みます。「うん」で話を聞いていることを伝え、「そう」で次の言葉を引き出すのです。「そうだね」「そうか？それで」「そうなんだ、すごいねぇ、それでぇ」をつけ加えるとさらに効果的です。こういう言葉は相手の言葉を引き出し、いい気持ちにし、会話はリズムを持つようになります。

「うん」「そう」に加えて、「誉める」「励ます」言葉も加えてください。「素晴らしい」「よくやった」「頑張ってるね」は定番の褒め言葉です。さらに「流通業界のヒーローだね」「ダンプカーより馬力がある」などの比喩をレパートリーとして持つと表現が多彩になります（図表5－3）。

こういう誉め言葉は相手のやる気を高めるだけでなく、あなたのエネルギーを上げていく効果もあります。

図表5-3　誉める言葉の例

素晴らしい	よくやった	日本一	輝いている
考えてるね	それっていけてる	視点がいいよ	ほぼ完璧
ダンプカーより馬力がある	商品管理の天才	営業の神様	当社きっての秀才
あんたはエライ！	頑張ってるね	ありがとう	いい夢見れたよ
切れ味抜群だね	君が一番！	たいしたもんだ	いい顔してるね
活躍してるね	リードオフマンだね	突撃隊長	イケイケだね
新品だねえ	絶好調だね	飛ばしてるね	入食い状態だね
エライ！	熱いねえ	燃えてるね	ほとんど神童
今、旬だよ	シャンパンものだね	流通業界のヒーローだね	当社の4番打者
さすが！	いい根性してる	頼りになるね	ガッツあるねえ
成長したね	ナイスガイだね	いいじゃん、いいじゃん	ほれ直したよ
ファインプレーだね	稼ぎ頭だね	はつらつとしてるね	今日も元気一杯だね
今日も颯爽としてるね	張り切ってるね	いつも渋いね	グッジョブ！
天才だね	ステキ！	ワンダフル	

明るくグチると、グチがグチではなくなる

あなたの近くにグチっぽい方はいませんか。グチは自分のエネルギーもそうですが、相手のエネルギーも奪います。「なんで自分ばかり……」「またこんなトラブルが」「一体誰が悪いの？　いつも自分ばかり不幸になる」

そんなときは「試されてるね」とグチってください。この一言で気持ちは未来に向かいます。辛いとき、苦しいとき、スランプになったとき、目標が達成できなかったとき、「試されてるね」とつぶやいてください。次に向かう勇気が湧いてきますから。

わたしの後輩にこのグチをアドバイスしたところ、一日何回も「試されてるね」を言うようになりました。何度も言うので「あのさ、いつまで試されるの」とのわたしの言葉に「髙山さんも試されてますね」と切り返され、二人で大爆笑してしまいました。明るいグチは周囲を元気にする力があるのかもしれません。

3 行動編

握手で相手とのこころの距離を縮める

わたしは日常的に「握手」をしています。社内の人たちとはもちろん、お客様を訪問した際も、自分から進んで握手をします。

「初めまして」「どうも、お久しぶりです」や「いつもお世話になっています」「またお会いできましたね」「お元気ですか」と挨拶の言葉は違えど、相手に会うたびに自然に笑顔が出て、両手を前に差し出しています。

できるだけ早く相手とのこころの距離の近さを感じたくて思わず手が出てしまうのです。この行動はわたしの中ではクセとなり、自動化されています。

握手は儀礼的な性格を持っているので失礼にはあたりません。それどころかこちらから握手を求め、相手がそれに応える行動をとることで、相手の気持ちはより好意的になり、互いのこころの距離は近づくと感じています。

握手はオープンネス（心を開く）トレーニングになります。自分の心はオープンですよとの証しが、握手という行動に表れていると理解しています。自分から心を開けば相手も開いてくれます。

握手は今や日本人にとって普通の行為です。もっと相手との親近感を生み出すためにも上手に活用しましょう。もし、あなたが管理職だったら、部下に対し「よくやった」の褒め言葉とともに握手をしてあげましょう。それによって部下の感情はさらに前向きになり、大きなエネルギーを生み出すことになるでしょう。

会うとき、別れるときに笑顔で手を振る

社会生活に挨拶は付きものです。会社では出勤時の「おはよう」で始まり、「いってらっしゃい」で営業に出掛ける社員を見送り、「お疲れさま」と迎えます。お客様とお会いするときやお別れするときにも挨拶をします。

こういう挨拶のときに、手を上げて振ったりする身振りを加えると、親密度がさらに上がります。言葉を使わないノンバーバル・スキルには表情や視線がありますが、身振りもその

一つです。

笑顔で手を振ると、待ち合わせのときは「あなたに会えて嬉しい」という表現になり、別れのときは「今日はありがとうございました。また、会いましょう」という気持ちを相手に伝えることができます。

手を振るなどの身振り言語は本能的なものだと思います。赤ちゃんは教えられていないのに「バイバイ」や「こんにちは」のときに手を振ります。子どももよく手を振ります。「わたしはここにいるよ」や「また会おうね」というサインが手を振る行為です。

大人になっても大学生までは友だちに「おーい、ここだよ」と手を振りますが、社会人になるとなぜか(きっと恥ずかしいからですね)、手を振ることは少なくなります。

手を振ることも立派なコミュニケーションです。握手同様オープンネスの開発を促します。もっと手を振ってください。「気さくな」「人なつっこい」「気を遣わない」人と、好印象を与える効果につながります。

ハイタッチ――成功を共有し、仲間意識の醸成に役立つ

大辞林には、「ハイタッチ【high touch】①人間的な触れ合い。②スポーツ選手などがチ

ームメートと喜びを表すために、頭上で手を打ち合わせること」と説明されています。ハイタッチは和製英語で、英語ではハイファイブ（high five）と言います。Give me a high five! は「ハイタッチしようよ」という意味です。

ハイタッチは手を開いて互いの頭上で相手の手と打ち合わせますが、最近では手を握って前に突き出すグータッチも行われています。ラグビーのドラマなどでは、手を握って相手の心臓のあたりを押す動作を観ることがありますが、互いの生命力の共有を示す動作だと言われています。

ハイタッチは選手だけでなく、スポーツバーやカフェで応援するファン同士でも勝利の瞬間に盛んに行われます。営業会社でも、大型受注のときに課員同士でハイタッチすることがあります。握手や手振りは挨拶の意味合いが強いのですが、ハイタッチは勝利を共有する仲間という強い絆を示しています。

わたしもハイタッチをよくします。頑張ったメンバーに「やったね」ハイタッチ、「受注成功！お祝い」ハイタッチ、「おいしいお店にまた行こうね」ハイタッチとバリエーションは無限です。ハイタッチは気持ちを前向きにし、モチベーション向上につながります。EQの第2ブランチ「感情の利用」の開発に最高のトレーニングになります。

欧米ではよく見かける光景ですが、日本ではスポーツ以外でハイタッチを見ることはまれです。しかしハイタッチは成功の共有を祝う性格を持ち、仲間意識の醸成に役立ちます。恥ずかしがらずにハイタッチしてみてください。誰かが始めれば、こういう行動は伝播し、職場の雰囲気は確実に良くなっていきます。

スキップ&ジャンプ

感情が行動に影響を与える（EQ理論）のであれば、行動に影響を与えれば感情も変えることができます。これを証明するにふさわしい行動がスキップです。「最近スキップをしたのはいつですか」のわたしの質問に「……」の皆さまがなんと多いことか。

自分のスキップを想像してください。もうそれだけで笑えませんか？　スキップをしてください。間違いなく笑顔になれます。スキップをすると笑います。笑うと楽しくなります。気持ちを前向きにしたくなったら、やる気をつくる必要があったらスキップをしましょう。EQ開発を体感するには絶好の行動です。

スキップなんて恥ずかしくてできない？　そんなあなたには「ジャンプ」をおすすめします。その場でジャンプしてください。着地したときあなたは笑顔になっています。飛ぶ前の緊張感、飛び上がったときの不安が、無事着地できた安心感から笑顔になります。楽しくなければEQ開発ではありません。スキップとジャンプ、今日からお楽しみください。

4　こころ編

こころの付く言葉を使う

EQ理論の生みの親であるピーター・サロベイ博士にお目にかかった折に「日本とアメリカの違い」が話題になったことがあります。そのときにサロベイ博士は「日本という国は昔からEQの国ですね」と話されました。

日本は昔から礼儀礼節を重んじ、目上を敬い、思いやりや気配り、心配りなどの人同士のこころのつながりを大切にしてきた国だと言われたのです。確かにそういう意味では日本は昔からEQを大切にしてきた国です。そのためか日本には「こころ（心）」がつく言葉や言い回しが豊富です（図表5－4）。

また熟語でも、決心、向上心、親心、母心と思いを形にするときに「心」は使われています。若者たちのポップスから演歌まで、今も昔も歌詞に「心」はたくさん使われています。

図表 5-4　心がつく言葉の例

心が広い	心から歓迎する	心の感度がいい	心構え	心の持ち方
心を砕く	心を蝕む	心おきない	心にくい	心にしみる
心を入れかえる	心に残る	心の隙間	心が荒む	心ない
心を改める	心温まる	心配り	心意気	心遣い
心を打つ	心得	心がけ	心が豊か	心が悲鳴をあげる
心が寒い	心を込める	心安い	心をつかむ	心苦しい
心を奪う	心を教える	心の優しさ	心で理解	心の支え
心が揺れる	心が躍る	心残り	心に訴える	心を揺さぶる
心が傷つく	心の準備	心の世界	心を許す	心の絆
心のつながり	心を開く	心を閉じる	心が満たされる	心の向上
心の安定	心のバランス	心が変わる	心が強くなれる	心の痛み
心に響く	心に届く	心がきれい	心が寒い	心が震える
心が暖かい	心が煮えくり返る	心の闇	心が明るい	心が暗い
心が快適	心もとない	心で見る	心の目	心の感度
心安らか	心細い	心が通う	心をもてあそぶ	心重視
心が晴れる	心が曇る	心の迷い	健全な心	心の裏側
心の配慮	心を欠く	心を感じない	心を鬼にする	心の病
心に火をつける	素直な心	心を燃やす	心に刻む	心のゆとり
心をいたわる	心の交流	日本の心	心が強い	心を決める
心に寄り添う	心の旅	心模様	心に花を	心が浮わつく

わたしはこういう言葉と出会うたびに、心とEQの関係の強さを感じます。「心の準備」とはEQを機能させるための準備です。「心に響く」や「心を摑む」はEQ発揮による効果です。「心構え」には感情を前向きに機能させるための気合いが感じられますし、「心を砕く」「心を込める」「心遣い」からは、EQを発揮することが自分だけではなく、相手や周囲の人のためにも大切であることがわかります。

わたしは意識して「心」のつ

く言葉を使うようにしています。日常的に「心の優しい人ですね」とか「心に残る言葉ですね」といったように「心」のつく言葉を使っていると、なぜかEQ＝感情への意識の高まりを感じるからです。お世話になった人に礼状をしたためるときも「心より御礼申し上げます」「心から感謝致しております」と書くことで、わたし自身「会えて本当によかった」という気持ちになり、続く文章に相手に対する感謝の気持ちを素直に表現することができます。きっと「心」という言葉がわたしのEQスイッチになっていると思われます。

EQを発揮するということは、相手の心になんらかのアプローチをするということです。そのためには日頃から感情に注目し、感情を意識することが重要です。

心を大切にする社会を実現するためにも、「心がつく言葉」を日々の会話で積極的に使ってみてください。できるだけ多くの人が「心」のつく言葉を積極的に使い、豊かなEQの国にできればと思います。

言葉がこころのエネルギーを上げる

行動から感情を変えましょう。ポジティブな感情をつくるにはポジティブな言葉を使うことです。

こころのエネルギーを上げるためには、こころのエネルギーが上がる言葉を使って話すことです。言葉は言動であり立派な行動です。言動を変えてこころのエネルギーを上げましょう。明るい言葉は気分を前向きにし、周囲との会話も増え、雰囲気を変えることができます（図表5－5）。

5 対人関係編

気軽に話しかけ、普段着の感情を知る

組織の中でよい人間関係を築いている人は、例外なくたくさんの言葉を知っている人です。たくさんの言葉とは知識だけを意味しているわけではありません。会話で使えるたくさんの言葉のことです。

会話を始めるためには「気軽に話しかける言葉」が大切です（図表5－6）。これから人間関係をつくるための会話なので、ドアを開けて会ったとき、出社するとき、昼ご飯から戻ったとき、退社するとき、などの毎日繰り返される行動の合い間に差し挟む会話です。こういう会話から普段着の感情がわかります。

図表 5-5　明るい言葉の例

満点	和む	元気	幸せ	前向き
やってるね	暖かい	輝く	素晴らしい	のんびり
恵み	大好き	活き活き	おめでとう	頼もしい
申し分ない	バンザイ	抜群	さすが	ルンルン
うきうき	きれい	おいしい	ありがとう	海水浴
燃える	恋・初恋	情熱	リラックス	エネルギッシュ
上機嫌	スマートな	誇らしい	うまくいきました	最高
わきあいあい	すがすがしい	ドンマイ	カッコイイ	いい感じ
やる気	美しい	かわいい	いけてる	海・空・緑
愛・夢・恋	神々しい	星・満天星	一発ツモ！	燥
素敵	ハッピー	ヤッター！	オッケー	ガッツだぜ！
新緑	富士山	初日の出	ラッキー！	ナイスだね！
目標達成！	やったね！	にこにこ	笑顔・笑み・えくぼ	まんまる
ぷくぷく	ウキウキ	ワクワク	満月	ヨッシャッ！
100点	ロマン	明るい	初夢	達成だ
ヤルゾ！	旬	新芽	正々堂々	威風堂々
高配当	プリン	キラキラ	朝焼け	合格
広い海	チューリップ	ひまわり	ホッ	ホット
サンタモニカ	売れた	嬉しい	オーライ	ウインク
サラサラ	ユンケル黄帝液	タフマン	ファイト	いい湯だな
プリティ	目標達成！	大パノラマ	さわやか	モリモリ
隆々	儲かる	ひまわり	タンポポ	休日・連休
団らん	感動	弾む	完成	成功
日本一	増収増益	楽しい	ホームラン	華やか
大当たり	厚切りステーキ	フィーバー	豪勢	勝利
活気がある	満員御礼	チャンス	摩天楼	冷えたビール
チョコパフェ	イチゴミルク	充電	充実	太陽
晴れ晴れ	入れ食い	勝ち戦	満タン	シャンパン
拍手喝采	ヤッホーッ	イエイ！	チャンピオン	プリプリ
新鮮	極太	天下泰平	準備万端	柔らかい
遊ぼう	完売	猛々しい	ファインプレー	桜
虹	お祭り	内定	誕生	仲良し
スポットライト	一番	一等賞	うな重	ガッポガッポ
夏休み	水遊び	金メダル	結婚	ハネムーン

図表 5-6　気軽に話しかける言葉

風邪ひいてない？	焼き肉食べ放題に行こうよ
いないいない、ばあ！	今日もいい天気ですね
いつもおしゃれね	はい、笑って笑って
元気してる？	今日もいいことありそうだね
ジュリア・ロバーツみたいだね	今日は大安、いいことあるよ
今日も絶好調？	いい靴はいてるね
なんか困ってない？	おいしいもの食べに行かない？
どう?　釣りのほうは?	どう?　一杯行く?
その服どこで買ったの？	張り切ってまいりましょう！
今日はおうし座がいいみたいよ	バーゲンやってるよ

図表 5-7　誉められ返しの言葉

ますます、やる気になっちゃいます	毎日誉めてください
○○さんに誉められるなんて最高です	このツキを大事にします
教えていただいた成果です	その言葉、胸に刻んで頑張ります
まだまだ至りませんが、頑張ります	天にも昇る気持ちです
もう、一生ついていきます！	胸がキューンとなりました
まだまだやりますよ	私は世界一の幸せ者です
人生最良の日です	その気持ちだけでも十分です
なんかスターになった気分です	こころに響きました
気分爽快です	もうルンルンです
こころが踊っています	ツキが向いてきました

普段の会話の中でほめられることも励まされることもありますが、その言葉にお返しする言葉をお持ちでしょうか。ときには叱られることもありますが、叱られ返し言葉もお持ちでしょうか。ほめたり励ましてくれた方への感謝は当たり前です。そのお返しの言葉を使うことで両者の関係は強くなります。叱ってくれる人の感情の中にはあなたへの期待が込められ

図表5-8　励まされ返しの言葉

勇気百倍です	がぜんファイトがわいてきました
絶対負けません	次は成長した自分をお見せします
この苦境を乗り越えてみせます	気持ちが楽になりました
絶対勝ってみせます	明日もお願いします
元気一杯になりました	こころの奥まで響きました
なんでもできそうです	そんなこと言われたら、わたし頑張っちゃいますよ
行くところまで行きます！	声をかけていただいて幸せです
気持ちが前向きになりました	なんか元気が出てきました
これでまた一歩成長しました	太平洋を走って渡れそうです
これでこわいものなしです	力強いかぎりです

図表5-9　叱られ返しの言葉

次は成功してみせます	叱っていただいてありがとうございます
ピンチをチャンスに変えてみせます	この苦境を乗り越えてみせます
今日のことは肝に銘じます	もっと大きくなってみせます
同じミスはしません、次を期待していてください	次、見ててください
これ以上いい男(女)になれってことですね	勉強させていただきました
負けません、次は勝ちます	一から出直します
もう一度チャンスをください	今、この状況を幸せに思います
この経験を無駄にはしません	気持ちを新たに頑張ります
挽回のチャンスをください	苦境はわたしを成長させてくれます

ています。その方へのお返し言葉が二人の関係を強くします。

わたしが使ってきた気軽に話しかける言葉、誉められ返し言葉、励まされ返し言葉、叱られ返し言葉を図表5－6から5－9に整理したので、参考にしていただき、ぜひ今日から使ってください。

EQ能力開発「髙山スペシャル」

本書を読んで、EQトレーニングを楽しんでいただけたでしょうか？

いよいよ最後です。とっておきの法則をご紹介します。EQと出会ってから二十数年。EQを意識し、実践するなかで発見した3つの法則が髙山スペシャルです。

1. 気持ちへの意識を高める「できこの法則」
2. 明るく否定する「ちょっとの法則」
3. 本音を聴き出す「ほんと？　4段活用」

「できこの法則」を実践すれば、職場でのEQ指数は高まるでしょう。

「ちょっとの法則」を使えば雰囲気も明るくなり、「ほんと？　4段活用」で本音を聞きだしてお互いのこころの距離を近づけてください。

本書の読者だけにお教えする髙山スペシャル3法則で職場を明るくしてください。

「できこの法則（で：出来事＋き：気持ち＋こ：行動）」でEQを開発する

「できこの法則」の発見となった上司と部下の会話です。

上司「最近どう？」
部下「○○ことがありました」
上司「で、どうなったの？」

上司「仕事うまくいってる？」
部下「○○でトラブルがありまして」
上司「で、どうしたの？」

EQ開発の鍵は気持ちを感じることです。この会話で抜けているのが「気持ち」です。気持ちについて聞いていない、または触れていない会話は、起こった「で：出来事」に対し、どんな「こ：行動」をしたか、その結果を確認するという「で・こ」の業務報告です（図表5―10）。

図表5-10 「で・こ」と「で・き・こ」

で・こ（出来事・行動）

で：部門の定例会議で、10分の時間をもらい、これから取り組むべき課題と内容について話をしたところ、A課長に「業務多忙で、自分は時間が取れない」と、否定的な意見を言われた

▼

こ：「もういいです」と語気を強めた言い方となり、会議の雰囲気は最悪。課長との関係もさらに険悪となる

で・き・こ（出来事・気持ち・行動）

で：部門の定例会議で、10分の時間をもらい、これから取り組むべき課題と内容について話をしたところ、A課長に「業務多忙で、自分は時間が取れない」と、否定的な意見を言われた

▼

き：カッときた（怒り）＝識別（自覚）すると……
EQ登場！→ん？　このままではまずいかも……
一呼吸置き、冷静になろう

▼

こ：冷静な気持ちをつくり、課題解決についてA課長にアドバイスを求め、協力をお願いしたところ、「できるかぎりの協力をする」と言っていただいた

そこで、き：気持ちを入れた「で・き・こ」では、どうなるか。この「で・こ」に気持ちが入るとEQが登場します。

図表の「き」を見ましょう。

怒りを感じる――「感情の識別」です。その後、「ん？　この感情でいいの？」「では、どの感情をつくる？」と、「感情の利用」が始まります。

怒りの原因は「A課長が自分の気持ちを受け入れてくれないこと」です。「でも課長も本当に忙しそうだし」と「感情を理

雲泥の差ではないでしょうか。

の協力を得ることができたのです。「で・こ」でキレた「もういいです」に比べると、結果は解」し、最終的に「感情を調整」し、一呼吸置き「アドバイス」を求める行動になり、課長

した。

EQトレーニングによってEQ能力4ブランチへの理解が深まると、「で・き・この法則」が使えるようになります。ある部下の人は上司との会話で「で・こ」になることが多かったのですが、感情MAPと1行日記をつけ始めて2カ月くらい経った頃に変化が起こりました。

同じような内容を上司に依頼し、同じように「忙しい」と拒絶されたときのこと。今度はその上司の言葉の背景を考え、「上司も忙しいんだな」と思い、「お忙しい中、お時間をいただいてありがとうございました。次は、具体的な内容を持って相談にあがります」と返したそうです。そうすると上司は「ありがとう」と答えたそうです。

「で・き・この法則」で会話の質が変わっていくことがわかります。

お互いが気持ちを意識すると小さな出来事にもストーリーがあることに気づきます。なぜ、そんな出来事が起こったのか、その出来事によって傷ついた人もいれば、得をした人も

いることでしょう。しかしたとえ小さな出来事でも、その中にあるドラマにちゃんと目を向けたほうが人生が豊かになります。ドラマには美しいことや嬉しいこと、悲しいことがたくさん詰まっています。ドラマを見逃さないでください。

日々の雑事・仕事に忙殺され、それを理由に気持ちを感じることを忘れる毎日。その積み重ねが人生……。そうではない人生を歩みたいとわたし自身が「で・き・この法則」から学びました。

1on1ミーティングにおける「で・き・こ」活用

1on1（ワンオンワン）ミーティングを導入されているお客様も増えてきました。定期的に上司と部下が一対一で話し合うのが1on1ミーティングです。

1on1ミーティングはアメリカで生まれ、シリコンバレーでは組織文化として定着しています。多民族国家のアメリカでは、人種、宗教、母言語、文化が異なります。異質な者同士が同じ職場で働くためには、互いの価値観や行動原理への尊重が必要であり、それを仕組化したのが1on1ミーティングです。

日本企業でも「ホウレンソウ（報告・連絡・相談）」は重視されます。また半期や四半期に一度は業績面談が行われます。しかし1on1ミーティングはまったく異質です。

1on1ミーティングは、業績の確認や部下への業務指示の場ではありません。定期的に週に1回程度実施され、1回20分程度と比較的短時間です。

主人公は部下で目的は経験学習を通しての成長です。

日本で1on1ミーティングが注目を集めている理由は、米国同様の状況が日本でも起こっているからだと思います。個人の価値観やそれぞれの事情、多様性を理解しないと組織をまとめることが難しくなっています。たとえば発達障害の悩みを抱えながら働く人が増えています。アスペルガーや多動性症候群などの発達障害を持つ人は珍しくありません。またLGBTの割合は左利きとほぼ同じで8・9%だそうです（電通「LGBT調査2018結果報告」）。

家庭の事情も業務に関係しています。40歳前後になると親の介護で離職する人があらわれます。いずれは故郷に帰って親の面倒を見なくてはならない人もいます。こういう部下の事情を理解し、生き方や価値観を知ることも上司の役割になっています。

そのために1on1ミーティングは有効な手段となっています。しかし運用はなかなか難しく、その場が業務報告の延長になり、本来の目的が達成されていない例もあるようです。

１ｏｎ１が逆に部下のプレッシャーになり、１ｏｎ１のために資料作成をするなど多くの準備時間をかけることがあり、1対1という形式が逆に大きなプレッシャーになっている場合もあるようです。部門の会議であれば、自分の出番以外は当事者にならなくてすみますが、1対1だと逃げ場所がありません。「一方的に責められて、大変な精神的な苦痛を被っているメンバーもいる」と悩みを打ち明けられたこともありました。

１ｏｎ１のミーティングが、「で・こ」の場となり、会議の延長になっているのでしょう。そこでわたしは「で・き・こ」をお勧めし、１ｏｎ１は「気持ちを聴く」ことを中心にした20分の実施をお勧めしています。

理由は、気持ちを聴くと業務のことが聴けるからです。業務のことを聞くと本当のことが言えない、言わない、言いにくいものです。

そこで、気持ちを聴く、例えば、上司から「楽しく仕事してる?」と聞いてください。「楽しい仕事って……」「楽しいのは仕事じゃないでしょ」と返ってきます。「じゃ楽しくない理由を教えて」と理由を聞くと、そのほとんどが仕事や職場の人間関係の悩みだったりします。その中には業務の実態が満載であり、業務報告よりさらに深い情報が詰まっています。

「ちょっとの法則」→　ちょっと＋肯定語＝明るい否定

「企画書を見てください」「全然だめ。やり直しだね」。よく見かける上司部下の会話です。

これでは部下はたまったものではありません。せっかくのやる気も失ってしまいます。やる気をそのまま維持させる方法はないものかと考えていたところ、子どもたちと昔遊んだ日のことが想い出されました。子どもたちと遊んでいるときに「今日は楽しいねー」と言ったところ、「ちょっと楽しい」と答えが返ってきました。本当は楽しくなかったのだと思います。わたしは明るく否定されたのでしょう。子どもはEQを知らないのでEQを使っているとは思えませんが、「楽しくない」とは言わないのです。まさに「ちょっとの法則」を発見した歴史的瞬間です。

「ちょっと＋肯定語」を使うと否定形になります。楽しくない、面白くないと真っ向から否定するのではなく「ちょっと＋楽しい」「ちょっと＋面白い」を使うと、明るく否定する技になるのだと思いました。

報告書や企画書が良くないと思っても「面白くない」「つまらない」「伝わらない」と全否定しないでください。全否定はEQの低い人と言われる特徴的な行動です。部下はやる気を失い、憎しみを覚え、怒りを感じるだけのマイナス効果であり、パワハラの一因にもなりかねません。

わたしは、この使い方を身につけるために様々な失敗をしていますので、参考までにご紹介します。

先日、娘がわたしに夕食をつくってくれました。回鍋肉《ホイコーロー》を食べて一言。「おいしいねー、これー。ちょっとー」。そうしたら「ちょっとは余計じゃない」と娘。予想外（失礼）に、おいしくて、ちょっとー、どうしたの、こんなにおいしい回鍋肉をつくれるの、と伝えたかったのに、「ちょっと」を使ったために、否定形に伝わったのでしょう。

先日も失敗しました。オフィスでメンバーからの「髪切りました」に「ちょっと似合うじゃん」と言ったところ「どういう意味ですか」と静かな一言。でもはっきりとした怒りが入っていました。

メンバーの新規受注に「ちょっと凄いじゃん」と言ったのも大失敗。「はあ？　それひどくないですか」と職場全体から批判の声。

「ちょっと」の使用には十分注意してください。

本音を聴きだす「ほんと？　4段活用」

「あの人の本音を知りたい」「本音がわかればその期待に応えられるかもしれない」「EQを使って本音が聞き出せないですか？」。最近よく受ける質問です。

これは、EQ能力の「感情の識別」開発のEQトレーニングになります。感情を識別するには、直接相手に気持ちを聞くのが最も手っ取り早いのですが、これができれば苦労はしないし、相手はなかなか本当の気持ちは言いません。

特に上下関係（上司部下）、利害関係（お客様）にあると本音は聞けないし、聞いても簡単には言いません。ではどうするか。人は4回目に本音を言います。

上司「どう元気？」一回目
部下「あ、はい」
上司「マジ？」二回目
部下「はい」
上司「ほんとに？」三回目
部下「そうですよ」

上司「ほんとは？」四回目

これで4段活用終了ですが、ここまで聞くと、

部下から「何でですか？」「何かあります？」といろいろなリアクションが返ってきます。そのリアクション（＝行動）と、言葉の裏には「何でそんなに何度も聞くの？」「元気ないように見えるの？」「元気って言ってるのに、何か他に聞きたいことがあるの？」という疑問があります。この「何でですか？」の言動には、本音が潜んでいます。。

そこで、

上司「いや別に。元気ならいいの」

部下「元気に決まってるじゃないですか――」

この最後の一言に本音が表れています。言い方、声の強さ、大きさに本音情報が詰まっています。それに表情も観察すれば、本音の精度は一気に上昇。ここから本音に関する会話がスタートし、相手の本音を聞き出すことに成功します。

もし4回目の「ほんとは？」の質問に「……」と無言になったら、とどめの一言、

図表 5-11　ほんと？　4 段活用

■ どう元気？
■ マジ？
■ ほんとに？
■ ほんとは？

もう一丁！　「楽になっちゃいな」

あきらめるな！

人は4回目に本音を言う（髙山談）

「楽になっちゃいな」
と言ってください。

ここまで来ると、相手はニッと笑って「ほんとに言っていいんですか？」と言います。これで本音の聴き出し方は大成功です。

しつこいと思われるかもしれませんが「気持ちが聞きたい！」という想いを持つことは大切なことです。あきらめずに聞き続けてください。必ず、その想いは伝わります。

基本、4回目で成立しますが、失敗したら、とどめの「楽になっちゃいなよ」で、かなり本音を聴き出せます。わたしの経験です（図表5－11）。

EQ能力開発シート

＊進捗管理シート2カ月分付

記入例

EQ開発行動計画

開発指標
感情抑制力
開発したい理由
仕事中にイライラすると、たまにキレるので、周囲に迷惑をかけているのでは……。怒りをコントロールして、キレない自分になりたい！から。
具体的な行動計画 （P124～147の各指標の解説ページの左側の表「EQ開発のヒント」から選んで書きます）
・1時間に1度、深呼吸する ・ゆっくり話すことを意識する
期日
2カ月間
あなたの応援者 （何があっても応援してくれる人を選んでください 例：できなくても応援してくれる人、今日はできなくても明日があるよと言ってくれる人）
道子さん
進捗管理の方法
毎日、「進捗管理シート」に行動計画を実行できたかどうかを記入し、1週間ごとに応援者に「進捗管理シート」とともに報告し、応援コメントをもらいましょう

EQ開発行動計画

開発指標
開発したい理由
具体的な行動計画
期日
2カ月間
あなたの応援者
進捗管理の方法

記入例

進捗管理シート

目標に沿って行動計画を立て、そのプランを自分がきちんと実行できているかをチェックすることは、自分の行動を客観性をもって認識するという点から自己開発には効果的な方法です。自分の行動をまるで他者の行動を見るかのように客観的に観察し、記録、評価することで、新たな気づきをもたらし、自分の行動をより意識することができ、自己開発への意識が高まります。

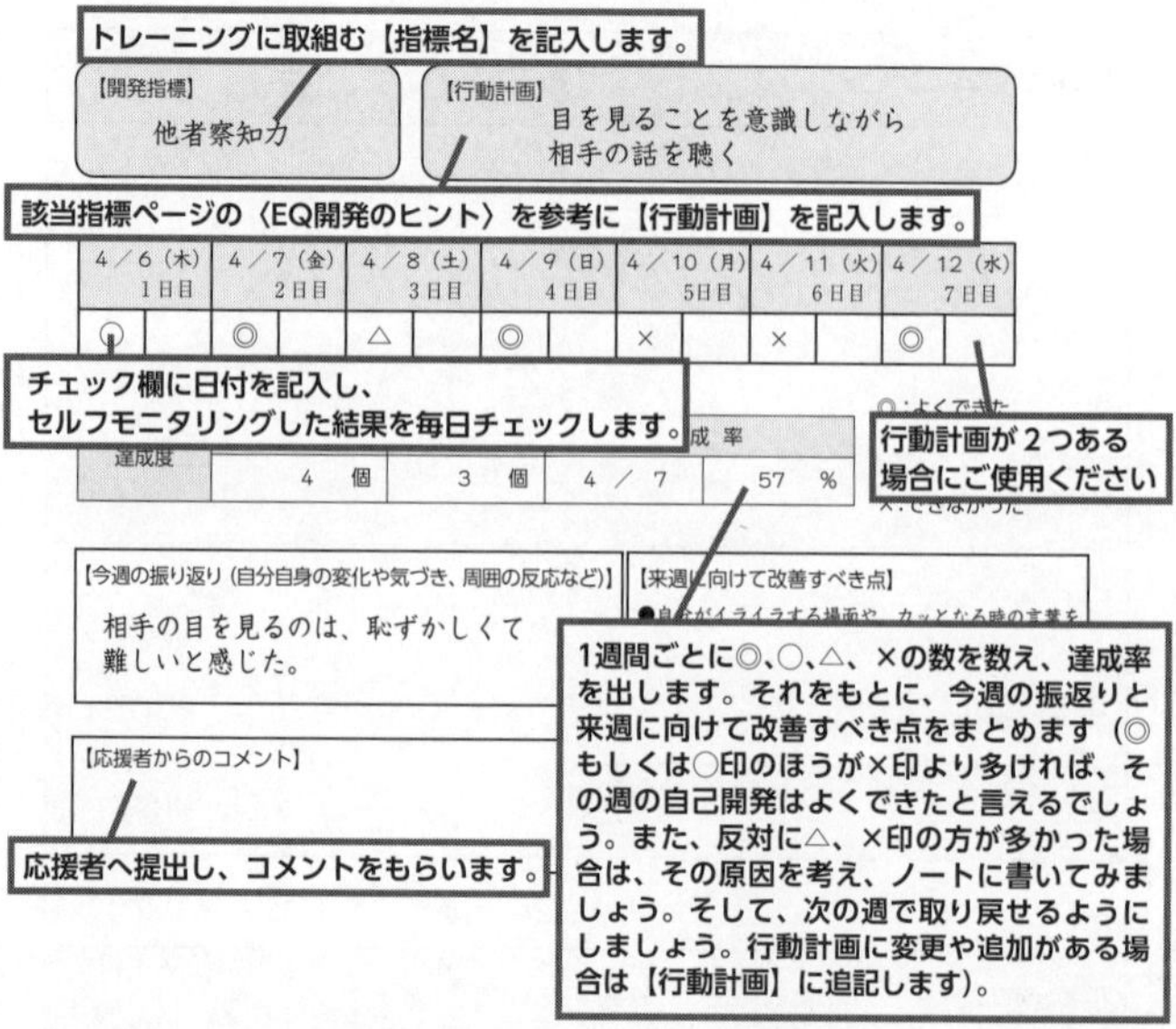

トレーニングに取組む【指標名】を記入します。
【開発指標】
他者察知力
【行動計画】
目を見ることを意識しながら
相手の話を聴く
該当指標ページの〈EQ開発のヒント〉を参考に【行動計画】を記入します。
4／6（木） 1日目
4／7（金） 2日目
4／8（土） 3日目
4／9（日） 4日目
4／10（月） 5日目
4／11（火） 6日目
4／12（水） 7日目
○ ◎ △ ◎ × × ◎
チェック欄に日付を記入し、
セルフモニタリングした結果を毎日チェックします。
行動計画が２つある
場合にご使用ください
達成度
4 個 3 個 4 ／ 7 57 %
【今週の振り返り（自分自身の変化や気づき、周囲の反応など）】

相手の目を見るのは、恥ずかしくて
難しいと感じた。

【来週に向けて改善すべき点】

【応援者からのコメント】

応援者へ提出し、コメントをもらいます。

1週間ごとに◎、○、△、×の数を数え、達成率を出します。それをもとに、今週の振返りと来週に向けて改善すべき点をまとめます（◎もしくは○印のほうが×印より多ければ、その週の自己開発はよくできたと言えるでしょう。また、反対に△、×印の方が多かった場合は、その原因を考え、ノートに書いてみましょう。そして、次の週で取り戻せるようにしましょう。行動計画に変更や追加がある場合は【行動計画】に追記します）。


〈EQトレーニングのPoint〉

1．期限を決める
行動心理学では、毎日決まった行動を2カ月間続けることで、その行動が習慣化し、自動化すると言われています。

2．24時間以内に始める
まずはやってみましょう。途中でトレーニングを変更することも可能です。

3．あなたの応援者を作る
孤独なトレーニングは長続きしません。職場の仲間や上司、家族などにEQトレーニング宣言をして、「応援してね」とお願いしてみましょう。

進捗管理シート

【指標名】

【行動計画】

／（　） 1日目		／（　） 2日目		／（　） 3日目		／（　） 4日目		／（　） 5日目		／（　） 6日目		／（　） 7日目	

達成度	◎／○の数	△／×の数	達 成 率	
	個	個	／7	%

◎：よくできた
○：だいたいできた
△：あまりできなかった
×：できなかった

【今週の振り返り（自分自身の変化や気づき、周囲の反応など）】

【来週に向けて改善すべき点】

【応援者からのコメント】

／（　） 8日目		／（　） 9日目		／（　） 10日目		／（　） 11日目		／（　） 12日目		／（　） 13日目		／（　） 14日目	

達成度	◎／○の数	△／×の数	達 成 率	
	個	個	／7	%

◎：よくできた
○：だいたいできた
△：あまりできなかった
×：できなかった

【今週の振り返り（自分自身の変化や気づき、周囲の反応など）】

【来週に向けて改善すべき点】

【応援者からのコメント】

進捗管理シート

【指標名】

【行動計画】

／（　）15日目	／（　）16日目	／（　）17日目	／（　）18日目	／（　）19日目	／（　）20日目	／（　）21日目

達成度	◎／○の数	△／×の数	達成率	
	個	個	／7	%

◎：よくできた
○：だいたいできた
△：あまりできなかった
×：できなかった

【今週の振り返り（自分自身の変化や気づき、周囲の反応など）】

【来週に向けて改善すべき点】

【応援者からのコメント】

／（　）22日目	／（　）23日目	／（　）24日目	／（　）25日目	／（　）26日目	／（　）27日目	／（　）28日目

達成度	◎／○の数	△／×の数	達成率	
	個	個	／7	%

◎：よくできた
○：だいたいできた
△：あまりできなかった
×：できなかった

【今週の振り返り（自分自身の変化や気づき、周囲の反応など）】

【来週に向けて改善すべき点】

【応援者からのコメント】

進捗管理シート

【指標名】

【行動計画】

／（ ）29日目		／（ ）30日目		／（ ）31日目		／（ ）32日目		／（ ）33日目		／（ ）34日目		／（ ）35日目	

達成度	◎／○の数	△／×の数	達成率	
	個	個	／7	%

◎：よくできた
○：だいたいできた
△：あまりできなかった
×：できなかった

【今週の振り返り（自分自身の変化や気づき、周囲の反応など）】

【来週に向けて改善すべき点】

【応援者からのコメント】

／（ ）36日目		／（ ）37日目		／（ ）38日目		／（ ）39日目		／（ ）40日目		／（ ）41日目		／（ ）42日目	

達成度	◎／○の数	△／×の数	達成率	
	個	個	／7	%

◎：よくできた
○：だいたいできた
△：あまりできなかった
×：できなかった

【今週の振り返り（自分自身の変化や気づき、周囲の反応など）】

【来週に向けて改善すべき点】

【応援者からのコメント】

進捗管理シート

【指標名】

【行動計画】

／（　） 43日目		／（　） 44日目		／（　） 45日目		／（　） 46日目		／（　） 47日目		／（　） 48日目		／（　） 49日目	

達成度	◎／○の数	△／×の数	達成率	
	個	個	／7	%

◎：よくできた
○：だいたいできた
△：あまりできなかった
×：できなかった

【今週の振り返り（自分自身の変化や気づき、周囲の反応など）】

【来週に向けて改善すべき点】

【応援者からのコメント】

／（　） 50日目		／（　） 51日目		／（　） 52日目		／（　） 53日目		／（　） 54日目		／（　） 55日目		／（　） 56日目	

達成度	◎／○の数	△／×の数	達成率	
	個	個	／7	%

◎：よくできた
○：だいたいできた
△：あまりできなかった
×：できなかった

【今週の振り返り（自分自身の変化や気づき、周囲の反応など）】

【来週に向けて改善すべき点】

【応援者からのコメント】

著者略歴

高山 直（たかやま・なお）

㈱EQ　取締役会長。1957年広島県生まれ。1997年、㈱イー・キュー・ジャパンを設立し、日本で初のEQ事業をスタートさせる。2015年より現職。主な著書に『EQ　こころの鍛え方』『EQ　「感じる力」の磨き方』（以上、東洋経済新報社）などがある。

株式会社EQ
https://eq1990.com

日経文庫 1416

EQトレーニング

2020年1月15日　1版1刷
2023年9月22日　　4刷

著　者　高山 直
発行者　國分 正哉
発　行　株式会社日経BP
　　　　日本経済新聞出版
発　売　株式会社日経BPマーケティング
　　　　〒105-8308　東京都港区虎ノ門4-3-12

装幀　next door design
組版　マーリンクレイン
印刷・製本　三松堂

 ISBN978-4-532-11416-9
Printed in Japan